武士（もののふ）の国

——その誇りと驕り——

宇治琢美

三省堂書店／創英社

目次

武士《もののふ》の国
――その誇りと驕り――

序

畑俊六（一八七九―一九六二、元帥陸軍大臣）は、第二次世界大戦に於ける日本の敗北を、昭和初期からの日中関係を軸に振り返り、「思へば罪業深き満州かな」と述べ、「馬鹿を見たるは我国なり」と結んでいる。

畑の述懐を要約してみよう。

昭和二年、下野した蔣介石が東京で田中義一総理と会見したが、その時、両者の間に密約が成立した。蔣が共産党を離れ、ソ連と手を切った後、日本は国民党による革命と、支那の統一を承認する。その代わり、支那は満州に於ける日本の特殊的地位と権益を認めるという密約である。

その四年後、満州事変が勃発、さらに支那事変へと繋がるのであるが、支那側はこの密約を全く棚上げし、自分（畑）が陸軍大臣時代を通じ、支那側との和平交渉では、常に、この満州問題が解決の癌となり、支那は満州国の承認を拒んで譲らず、さらに、太平洋戦争が勃発する前の、日米和平交渉に於いても、満州国承認問題が引っ掛かって、遂に、この大戦争となり、敗戦の屈辱を味わうに至ったのである。

実《げ》に、満州は、日露戦争の原因でもあり、且つ、支那事変そして太平洋戦争の導火線でもあり、我国は満州問題のために、敗戦のドン底に落とされたとも云えるのである。

「思へば罪業深き満州かな」

さらに、孫文が日本に亡命中、満州売却の約束をしたとのことであるが、その満州は、今や、日本が何十億もの大金を投じて築き上げた、重工業その他の資産を、ソ連がそっくりそのまま手中に収めている始末。「実《げ》に、馬鹿を見たのは日本国なり(1)」

確かに、満州事変から満州国の建国、その満州国と接壌する北支に於ける日中の衝突、日本が強要した緩衝地帯の設定、南京中央政府の反発と疑心(「日本は北支の満州国化を狙うのか!」)等、畑の言う通り、満州は日中関係の核であったし、両国の和平交渉に於て、中国側は、たとえ事実的存在としては黙認せざるを得ないにせよ、断じて、正式には満州国を承認することはできないが故に、このような国家を勝手に造り上げた日本の侵略を痛罵し続けたのである。従って、正に畑の言う通り、「罪業深き満州」なのであった。

「十五年戦争」などという名称が生まれるほど、昭和六年に勃発した満州事変は、大東亜戦争（太平洋戦争）の導入部と見られることもあるのだが、たとえ、日中戦争及び日米戦争の核として、満州事変が把えられるにせよ、無論、日中及び日米の衝突は、ここから始まったわけではない。日本が満州に大きな利権を有するに至ったのは、日露戦争に於ける日本の勝利と、その後の、日本と清国との間に結ばれた満州善後条約が深く関係しているし、さらに、日露の対立は、朝鮮国に対する支配権（とりわけ、日本による軍略的利用の否認と、北緯三十九度以北の中立地帯設定）を巡って、尖鋭化したのである。

しかし、そもそも、この朝鮮国の支配自体、清国との争いの核であったのであり、日本の勝利による遼東半島の領有にロシアが容喙《ようかい》してきたことから（三国干渉）、ロシアの力が朝鮮国に侵入し、朝鮮半島から、折角、「眠れる獅子」を追い出したと思ったら、今度は、もっと恐ろしい「北方の熊」が襲い掛って来たのである。つまり、日露の衝突は、満州は無論の事、朝鮮国に対する支配権を巡って生じたのである。然らば、この朝鮮国と日本とはどのような関係だったのかといえば、明治維新政府が、躍起になって、新生日本との交流を促したところ、まことに無礼な返事を寄越したことから、士族たち（元・武士）が大騒ぎして、いわゆる征韓論が沸騰し、結果的には政府が分裂してしまうほどの、大問題を惹起するような関係だったのである。

いつまで待っても、埒の明かない交渉に痺れを切らして、いよいよ日本側が武力による挑発で朝鮮国を開国させ、ここに、朝鮮国とのつき合いが始まるのであるが、この朝鮮国が、堅牢な体制に支えられた国家であったなら、何の揉め事も無かったのであるが、全く国家的統一性も無い、血で血を洗う派閥争い・権力闘争に明け暮れる、伏魔殿の如き国家であったから、大陸進出を狙う新生日本としては、これほど都合の良い隣国は無かった。

近代日本の国家的大方針の一つは、国威発揚・海外雄飛である。この方針を生む刺激となったのは、日本の鎖国政策をぶち破る西欧列強のアジア進出、すなわち、西力東漸―西欧諸国による、軍事力に物を言わせた、漸次《ぜんじ》的な（じわじわと迫る）アジア侵攻―であった。そこで、大東亜戦争（太平洋戦争）に至る歴史の起点を、満州事変を遥かに遡って、幕末に見出し、ここに百年戦争論を展開する史家もいるし、或いは、戦前の日本の「侵略的帝国主義」を糾弾し、日本を独り「悪者」にする史観を「自虐史観」と名付け、幕末に遡って日本弁明の史論を展開する史家も見られるのである。

然り、大東亜戦争（太平洋戦争）は、満州事変と密接に関連することは事実であるが、そこに起因するものではなく、西欧列強によるアジア侵食の過程で、日本人が、とりわけ、当時日本の支配層であった武士たちが、その現実をどのように把え、それに対してどのような反応を示したのかという、原初的体験にまで遡らなければ、理解できないのである。

西欧先進諸国が近代的武力に物を言わせて、遅れたアジアに進出して来るという、この西力東漸という現実は、アジア諸国にとっては客観的事実なのであるが、この情況に対処するその対処の仕方は、決して一様ではなく、それぞれの国によって異なるのは当然である。

実例を挙げてみよう。

ヴェトナムの革命家・潘佩珠《ファンボイチャウ》（一八六七—一九四〇）は、一八六二年、フランスが、植民地支配と虐政に喘ぐヴェトナムに対し、条約締結を要求した際の、ヴェトナム側の勅命大使の態度を、次のように描いている。

「……勅命大使となった潘清簡《ファンタイザン》、林維義《ラムズイギア》の二人は、胆っ玉は羊か豚のごとく、その外交手腕は狐か鼠のごとく、フランス人を一目見ただけで恐れ入り、震え上がってしまって、汗びっしょりになるという情けない連中であった。もしフランスが、彼らの両親を犠牲《いけにえ》として差し出せと要求したら、うやうやしく両手で捧げ持って献上したに違いない。……(2)」

強大な武力を背景とした、フランスの倨傲な要求とその力に、萎縮・跼蹐《きよくせき》する弱国の姿を、潘佩珠は自嘲的に描写しているのであるが、後に、日露戦争で、自分と同じ「アジアの黄色人種」である日本人が、あの大国ロシアに勝利を収めるという一大事件が勃発するまで、劣等なる有色人種が優秀なる白色人種に対し、国家として戦いを挑むことなど、彼には夢想だにできなかったのである。

清朝末期の革命家・鄒容《すうよう》(一八八五―一九〇五)もまた、西力東漸に対する自国の反応形態を、悔しさの余り自嘲的に訴えている。
アヘン戦争（一八三九―四二）やアロー戦争（一八五六―六〇）等によって、清国は没落を早めることになるが、鄒容は、異民族である満州族によって支配されてきた漢民族の、支配者に対する従順さを「奴隷根性」と名付け、文字通り、血涙を絞って、その覚醒を促し奮起を訴えた。

「奴才《しもべ》は好《たの》し　奴才は好し
…
満州が来て二百年
奴才づとめも　もう慣れました
やつらの天下　やつらの財産
…

たちまち毛唐が来てくれて
奴才の身分にゃかわりなし
…
満州人への奉公しとげりゃ
おつぎのつとめは毛唐の奴《しもべ》
奴隷根性は家代々
骨の髄までしみこみまする

大金　大元　大清朝と
主人《あるじ》の国号《なまえ》は何度も変った
大英　大仏　大米国と
国号かわろと差支えない
奴才は好し　奴才は楽《うれ》し

強い者なら　おいらは服《したが》う
民族　祖国　どうなろうとままよ(3)」
…

これは、異民族である満州族に二百年以上もの間支配され、その奴隷に甘んじ、さらに西力東漸の波濤に晒され呻吟する清朝の下で、今度は、「大英　大仏　大米国」に支配されても尚、「奴才は好《たの》し　奴才は楽《うれ》し」と、強者に隷属する漢民族を叱咤激励せんがための、自嘲的な戒めの詩である。

然らば、我が日本の場合、二百数十年もの鎖国を破る西力東漸という状況の下、支配層である武士たちは、どのような反応を示したのであろうか。その反応形態こそが、その後の日本の歴史を築く上で、大きな役割を果たしたのである。ここで、少々、結論を先取りすれば、日本の針路を決定づける武士たちのethos《エートス》(身に付いた精神態度）が、潘佩珠の言う「羊か豚、狐か鼠」の如き性格であったならば、或いは、鄒容の言う「奴才《しもべ》」に甘んじる属性を有していたのであれば、大東亜戦争（太平洋戦争）は疎《おろ》か、日清戦争も日露戦争も、そして、日中戦争も無かったのである。

日本の武士たちは、そのような御し易い人種ではなかった。だから、嘉永六年六月、浦賀沖にやって来た、アメリカ東インド艦隊司令長官ペリーは、欧米にとっても、また、アジア（とりわけ朝鮮と中国）にとっても、実に、とんでもなく厄介な国を、開国させたのである。

一　「対・西欧」――屈辱と雪辱――

安政六（一八五九）年十月、江戸にいた高杉晋作が芝明神前を通り過ぎると、或る店先で、器を求めている異国人に出食わした。商人は何とか売ろうとするが、その姿たるや、只管《ひたすら》、客の機嫌を取り、この異国人に媚び諂《へつら》うが如し。さらにまた、異国人は異国人で、商人を軽蔑侮慢し、その態度を見ただけで、日本を併呑《へいどん》（併合）してやろうとする心が、如実に表れているようである。

そこで、日本の武士である高杉晋作、然も、幕府の腰抜け共が西欧列強の力を怖れ、平身低頭している御時世で、我こそは攘夷の魁《さきがけ》たらんと意気込む雄藩・長州の麒麟児、高杉晋作は、この現実に切歯扼腕、我慢できぬ。

「この醜虜ども奴《め》、斬り捨てん！」

と、刀に手を掛けたが、

「彼を斬る、もとより易し、しかれども、これ暴人狂士の所為にして、大丈夫の所為にあらざるなり」

と、己が心を鎮め、己れを諭《さと》し、ただ腰刀を撫でながら、その場を去った(1)。

商賈《こ》を蔑《なみ》するその異人たちが、実際、日本を併合してやろうと思ったのかどうかは、ここでは問題ではない。問題は、彼らが、器を売ろうとして強者に阿《おもね》る日本人を侮蔑し、このような民族であるなら、これを併合・併呑するのもいと易しと思ったに相違無いと、高杉が判断した点に在る。

高杉晋作は、傲慢無礼な異国人を斬り捨てんとする気を抑え、なんとか、面倒な事件が起こるのを防ぐことができたが、無礼な異国人が店先ではなく、大名行列の場に現れ、日本及び日本人を見下した事から生じたのが、かの生麦事件である。

徳川幕府は、開国が止むを得ぬ国際状況の下、いよいよ列強と通商条約を結ぶが、国際状況を全く解せぬ孝明天皇にとって、夷狄《いてき》（野蛮な外国人）など犬や猫と同様の下等動物であり、徹頭徹尾、西欧との付き合いを嫌忌する始末。これが、幕末期の動乱の一つの要因となり、いよいよ、黙っておれぬと、幕政改革に身を乗り出したのが島津久光。

外様である薩摩の、藩主でもない男が、大原重徳《しげとみ》という公家を勅使に仕立て、のこのこと江戸まで出掛けて来て、あれこれ幕府に注文を付ける。幕府も、そこまで、権威を失墜していたのであるが、それはともかく、事件は久光一行が江戸から薩摩へ帰る途中、武蔵国の生麦で起きた（文久二年八月二十一日）。

通説によれば、馬に乗ったまま観光気分のイギリス人四名が、生麦でこの行列に出食わしたが、下馬の命令も通じず、乗馬したまま久光の駕籠の方に近づいて来る。そこで、この無礼者の「醜虜」に、奈良原喜左衛門が一撃を食らわせ、落馬させる。さらに、落馬した者に、海江田信義が止《とど》めを刺し、殺害する。そして久光一行は、何事も無かったの如く、平気な顔で、保土ヶ谷宿まで行進を続ける。こうして、この事件は、イギリス側の憤りや要求など黙殺する薩摩を威嚇せんと、翌年の薩英戦争へと発展するのであるが、この英人殺傷事件に関する薩摩側の言い分は、次の通り。

「元来、大名の行列を犯した者は、其の罪死に当ることは、不文律ながらも我国従来の習慣法であるから、生麦事件に於て曲は固より彼れ英人にあるにも拘はらず、彼れの曲を以て我の直に対し、尚且つ償金を求め下手人を厳科に処せんとするが如きは、冠履顚倒《かんりてんとう》（冠と履《くつ》の位置が逆、つまり、あべこべ）の甚しきものであって、我れは断じて其の要求に応ずることは出来ない(2)」

その後、この戦を通して、西欧の優れた文明に接したことから、薩摩はイギリスと親密な関係になるのは周知の事実であるが、それはとも角、この事件の本質的要因の一つは、大名行列に出会った異国人が、たとえ日本の「不文律の習慣法」を知らなかったとはいえ、下馬せずに、行列を通過せんとしたのは、いや、それができたのは、何故なのかという点に在る。即ち、日本及び日本人をどのように見ていたが故に、そうした行為が可能だったのかが問題であって、日本の武士の行列を、馬に乗ったまま見下ろすという事に対して、何の躊躇も戸惑いも示さないという行為を、日本の武士は、日本に対する西欧人の侮蔑と見たのである。武士とは、このような侮蔑を、決して許すことができない人種である。

今に始まった事ではない。時を遡ること約九年、浦賀沖での四隻の黒船による砲艦外交（恫喝）もまた、近代文明を誇るアメリカが、未開の国・日本をどのように見ていたのかの表れであり、正に、下馬せずに馬に乗ったまま行列を見下ろす、日本に対する了解と同じだったのである（日本とはこの程度の国であり、日本人とはこの程度の民族である）。そして、この日本を侮蔑する西欧人の仕打ちに対し、日本の武士たちは、怒髪天を衝くが如き憤りを覚えたのである。

たとえば、その砲艦外交を現地で目の当たりにした吉田松陰は言う。

「賊船（アメリカの軍艦）は、朝夕、空砲を轟かし、止めるように禁じても、こちらの要求を聞き入れず……悔しくて悔しくて仕方無い(3)」「幕府の役人は腰抜け、賊（アメリカ人）は驕り昂ぶり、これ程、国体を失うことは無い。

悲憤慷慨する者の多くは、浦賀に集まっているが、賊の様子や日本側の守備を見ていると、ますます、彼（アメリカ）を憎む心、日本を悲しむ心が募って来る(4)」（現代語訳）

アメリカと一戦を交えることを覚悟する、憂国の士・吉田松陰にとって、日本を見下す西欧先進国の仕打ちは、激しい忿怒と慷慨を生むのであるが、日本に対する西欧の侮蔑を撥ね返す方途として、「国力を養い、取易き朝鮮・満州・支那を切り随《したが》え、交易にて魯国に失う所は又土地にて鮮満にて償うべし(5)」などと、明治維新以降の国威発揚路線が、既に描かれているのである(後述)。

日本を恫喝して開国を迫るアメリカの傲岸不遜な態度を、松陰は絶対許すことができないのであって、前述した生麦事件に於いて、四名のイギリス人に刃を振い、彼等を殺傷した薩摩の武士たちにとっても、松陰と同様、忿怒の対象は、行列を乱す(供先《ともさき》を切る)無礼なイギリス人であると共に、そのような行為をさせる、驕慢な西欧そのものであったはずである。

そのような無礼な西欧を相手に、日本の歴史上、初めて戦を敢行したのが、幕末の雄藩、薩摩と長州であった。

孝明天皇は、異母妹・和宮《かずのみや》を、あの東夷《あずまえびす》に嫁す交換条件として、幕府に攘夷を約束させる。この先、七・八年から十年の内に、(破約)攘夷をやってみせますなどという、できもしない約束であるが、一旦、締結した条約を破棄などすれば、列強が武力を用いて条約の実施を迫って来ること必定である。

とに角、西欧列強にとって、アジアは武力で脅せば言う事を聞く弱小国である。お隣の清国は、アヘン戦争やアロー戦争（第二次アヘン戦争）で、もう散々な目に遭わされており、日本も西欧先進諸国に屈することは明白である。従って、幕府の、いや、日本の選択肢は開国以外に無い。

ところが、朝廷は、条約に勅許を与えない。しかし、何故、勅許が必要なのか。そもそも、鎖国を決めたのは他ならぬ幕府なのだから、当時とは国際状況が変わったので、この度、開国することにしたと、開国宣言すればよかったのである。ところが、鎖国という国策の変更に自信のない幕府は、有ろうことか、政治・行政等の分野には一切口を出さないように、ただ、芸術・学問等の文化領域の中でのみ生きることを命じた「天子」に、開国についてお伺いを立ててしまった（これが、徳川幕府滅亡の第一原因だと、明治になってから、旧幕臣・福地源一郎は、心底、悔やんでいる）。その天子にとって、夷狄《いてき》（西洋人）は、とても人間とはいえぬ禽獣《きんじゅう》である。だから、そのような天子が生きている限り、夷狄とのつき合いなど、できるはずもなし。

そこで、傲慢にも日本を恫喝する夷狄を撃退せんと意気込む攘夷派と、夷狄と交流することなど断じて許せぬと、伝統的な殻に閉じ籠もる天子とが結びついて、ここに、本来は何の繋がりも無い尊皇と攘夷がくっ付いて、歴史の舞台が江戸から京に移ったのである。

少々、歴史的経緯を辿ってみよう。

藩祖・毛利元就以来、尊皇を貫かんとする長州藩は、いつまで経っても天子の意を体現せず、夷狄の御機嫌伺いばかりしている幕府に愛想を尽かし、文久三年五月十日、馬関海峡を通過するアメリカ商船ペンブローク号を、続いて二十三日にはフランス軍艦キャンシャン号、二十六日にはオランダの軍艦メデューサ号を砲撃した。いよいよ、攘夷の決行であるが、西欧列強がこのまま放っておくはずもなし。その報復に、イギリスを加えた四ヶ国の連合艦隊十七隻が、翌年（元治元年八月）、下関砲台を砲撃し、三日間、長州と交戦することになる。

　無論、四ヶ国もの強大な国を相手にした戦争だから、長州一藩で勝てるはずもなし。然も、この外夷相手の戦争の直前（七月）、長州はいわゆる禁門の変で幕府側との戦いに敗れ、尊皇の旗幟《きし》を掲げたにも拘らず、長州征伐（第一次）の勅令を出されるという、前古未曽有の屈辱的な国難に遭遇することになるのである。

　攘夷の魁を誇る雄藩とはいえ、敵に見られたら恥ずかしい、噴飯物の大砲の偽物を作るくらいだから(6)、これでは、最新の近代兵器に勝てる訳がない。そこで、幕府の長州征伐も控えている以上、止むを得ず、藩主は講和を結ぶことを決意するのであるが、その役割を委ねられたのが、高杉、伊藤（博文）、井上（馨）。ところが、敵に白旗を揚げるなど以ての外と、この三名の暗殺が企てられるほど、「講和を非とする者、藩内に充満(7)」する状況である。つまり、西欧には歯が立たないと分かっていても、徹底抗戦を望む者が、多数いたということである。武士とは、そういう人種なのである。だから、講和では、敗戦を認めながらも、そこには、次の段階を想定した内容が含まれていた。即ち、武力で圧倒する西欧に、長州藩は敗れたが、今後は、この経験を踏まえ、西欧諸国とは仲良くつき合って行きたいという、懇親的態度を示し、さらに、「追々西洋之諸芸術蒸気器械之事并航海術軍法等に至る迄其流儀を授り度此段願入申候(8)」と提言している。何と、戦争をした相手に対し、今後、芸（技）術を、たとえば、蒸気器械の類や航海術、軍事に関する方法などを、教授して戴きたいと、申し出ているのである。その目指すところは、無論、「武備充実」である。

このように、長州藩は、西欧の先進技術等の伝授を申し出たが、講和の場に於いて、敵の優れた武器を購入したいなどと申し出て、敵の「意表を突」いたのが、薩摩藩であった。

生麦事件に於けるイギリス側の要求（賠償金、犯人の処罰等）を蹴った薩摩を相手に、戦争などする必要はない、ただ、軍艦七隻の威容に恐れをなして、薩摩は戦意喪失するであろう。『示威』だけで十分であるという認識の下、鹿児島まで出掛けてみたものの、薩摩はこの七隻の艨《もう》艟《どう》（軍艦）と、何と、互角の戦をするのである。しかし、大砲の射程距離が日本の四倍にも及び、鹿児島の町が破壊されるとなっては、所詮、薩摩といえども近代には勝てぬ。もし戦争が長引いていれば、薩摩は如何なる苦境に陥ったか見当がつかないが、戦闘は「ほぼ一日半」で終わり、イギリス艦隊は「勝敗不明のまま」引き上げた。理由は、「石炭、糧食、弾薬などの供給不足(9)」ということであるが、イギリス側の「示威だけで十分」の思惑は、完全に裏切られたといえる程の、薩摩の奮戦であった。

それから約三ヶ月の後(九月二十八日)、両者の和平交渉が横浜のイギリス公使館で行われるのであるが、十月五日の三回目の交渉で、薩摩はイギリスに、軍艦を購入する周施をしてほしいと依頼したのである。戦争した相手に対して、軍艦を買いたいのであるが、その斡旋をしてくれと頼み、イギリス側の「意表を突いた(10)」。当然、その意図は、軍事力増強以外に無い。薩摩は交渉で、生麦に於ける殺傷事件の責任は、日本の武士の慣習を告げなかった幕府にあるとし、賠償金は幕府に請求せよと突撥ねたが、とにかく、敵に賠償金を払うなどということは、まだまだ戦意昂揚、継戦意欲に満ちた藩士たちを考えた場合、有り得ない屈辱を意味する。しかし、兵器の性能差は誰の目にも歴然としている。そこで、先進国の有する軍艦を所望する。軍事力、延いては国力を強化して、西欧に負けぬ国家を形成する。それ以外に、目的は無い。

長州と四ヶ国連合艦隊との交戦でも、この薩英戦争でも、講和を通して、西欧諸国との間に懇親的雰囲気が醸し出されたのは事実であるが、それによって、双方の間に対等的関係が生じたわけではない。鎖国していた日本に対し恫喝的態度で開国を迫り、圧倒的武力を背景に不平等条約を突き付け、未開国に対する文明国として、日本に接していることに変わりはない。

先に見た高杉晋作の忿怒と同様、生麦事件に於いても、薩摩の武士たちは、異国人（夷狄）の傲慢無礼な態度に立腹したが、この種の体験は、まだまだ続くのであって、維新期、既に攘夷論を卒業したはずの日本の武士が、日本に駐留する生意気な外国の軍人と衝突したのが、神戸事件及び堺事件である。事件そのものは、然《さ》して、複雑でも難解でもないが、死傷者を出した衝突であるだけに、事が大きくなってしまったのである。

概説しておこう。

慶応四年正月十一日、備前（現・岡山）藩が西宮の警備に赴く途中、フランスの水兵二名が行列を横切ろうとした。そこで藩兵が、この「無礼者」を威嚇射撃し、一人に軽傷を負わせる。双方の衝突がきっかけとなり、英仏軍は神戸の居留地を占拠、軍事統制下に置き、さらに、神戸港に碇泊していた日本の船舶を拿捕したのである（これは、薩英戦争と同じである）。

兵庫開港の勅許が下りたのは、慶応三年十二月七日であるが、既に開港している神戸に於ける日本側の、こうした野蛮な行為に、列国公使は激怒。日本に対し、謝罪と共に、備前藩の責任者の極刑を要求してくる。

新政府としては、今後、諸外国との交流を進めて行くに当たり、列強の気分を損ねる事は、極力、避けたい。そこで、止むを得ず、フランス兵に傷を負わせた責任者を罰することになり、フランス側に死者が出なかったにも拘らず、砲兵隊長・滝善三郎に切腹を命じたのである。

それから間も無い二月十五日、今度は更に大きな殺傷事件が、堺で発生した。

フランス海軍の兵士数十名が、堺港に上陸し、市内で遊興。同地警備の土佐藩兵と衝突、フランス兵十一名の死者を出したのである。日本側は、ただ只管《ひたすら》、謝罪し、死亡したフランス兵の数を上回る二十名を、列国立会いの上、切腹させることにした（十一名が切腹した時点で、残り九名は助命されることになる）。

大町桂月（一八六九―一九二五、高知県出身の評論家）は、この事件を、当然、土佐藩士側の立場から、次のように解説している。

堺港に上陸したフランス兵が市中で横行乱暴を働き、市民が救助を請うている。六番隊長・箕浦猪之吉、八番隊長・西村左平次が隊卒を率いて出張すると、「フランス兵が人家に押入り、社寺に乱入し、傲慢無礼致らざるなし」の有様である。「制止すれども、通譯一人も伴はざるを以て、言語通ぜず、……訊問する中、仏人隙を窺いて逃走す。その中の一人は、我軍旗さへ奪い去れり。……仏人既に小船に乗りて、陸を離れむとし、短銃を放発する小面《こづら》憎さ。……此儘去らしめては神州の恥辱なり、土藩の恥辱なりとて、隊長命を下し、小船に向って射撃す。……[11]」

無論、この叙述は、土佐藩士の行動を弁護する立場から為されてはいるが、問題は、フランス兵の行動の正確かつ客観的な把握に在るのではなくて、土佐藩士たちが、フランス兵の行動を「傲慢無礼」であると感じ取り、国家の恥辱、土佐藩の恥辱と認識した点に在る。そして、この「傲慢無礼」なフランス兵に対する憤りと、強国の圧力に屈した弱国・日本という思いは、とりわけ「辱」に敏感な士族たちの心に銘記されたのである。

西村左平次は、辞世を残している。

風に散る　露となる身は　いとはねど
　心にかゝる　国の行末

思うに、西村左平次が憂えた「国の行末」とは、先の神戸事件に於いても窺えるように、開国した日本が、今後、西欧諸国とつき合って行くに当たり、相手の強大さに萎縮し、国家としての誇りを失ってまでも、屈辱的な交流に甘んじなければならぬのかという、攘夷思想の根幹でもあった、日本人としての矜持《きようじ》から生まれる憂国の情である。

そもそも、開国を要求する列強の圧力に対して、幕府が余りにも弱腰であったこと、そして何よりも、強大な軍事力を背景とした驕慢な西欧に対する敵愾心から、攘夷思想が生まれたのである。確かに、とても日本には勝ち目はない、鎖国は既に時代遅れであり、開国を選ぶべきだと思ってはいても、それを口にすると、臆病者だと嘲笑されるが故に、攘夷論者の振りをする者もいたのであろうが、とにかく、天子様が異国人を禽獣視するものだから、ここに、攘夷と尊皇が結び付いて、幕府を倒す強大な力となった。ところが、倒幕派が勝利すると、いわば野党が与党の立場になり、もう非現実的な政策を採ることは叶わなくなる。外国交際に関しては、完全に、百八十度転換し、「智識を世界に求め、大いに皇基を振起すべし」「旧来の陋習を破り、天地の公道に基くべし」の下、どんどん西洋文明を採り入れる。

新政府の中心人物である岩倉具視は、「朝廷が欧米諸国を待遇するのは、別に珍しい事ではない。その昔、唐の国と交通したが、それに準じているだけである(12)」と言ったが、これには、幕府を倒してできた新政権の議定や参与の公家たちも、心底、びっくり。まことに機を見るに敏、何と、変わり身の早いことか。そこで、俗謡が生まれた。

攘夷攘夷と唱へておいて
　末にゃ夷人と雑魚寝する

禽獣の如き異国人とつき合いを始めるような、そんなけしからぬ幕府を潰した以上、日本は「豊葦原の瑞穂の国」に立ち返り、「神国」が富み栄えるはずであると、攘夷運動に心を寄せていた公家たちは、攘夷で幕府を倒しておきながら、今や、幕府より遥かに夷狄に親近《しんごん》する新政府の方向転換に愕然とし、「朝廷は先ず罪を幕府に謝せざるべからず」と、その変身振りを糾弾するのも無理はない。

しかし、世の潮流は如何ともし難い。ほんの数年前に叫ばれた「破約攘夷」などという要請は、「天地の公道」に照らし合わせたとき、嗤笑《ししよう》を買う夢想に過ぎなかったことが、誰の目にも明らかとなった。そこで、「開国進取」が国策となり、「採長補短」の心構えの下、「和魂洋才」が叫ばれるのであるが、そもそも、日本固有の魂＝精神とは何なのか、どのような精神を土台として西欧の技術を受け入れるのかが、全く曖昧のまま、新政府の極端な西欧化政策によって、夥しい西欧の文化・文明が流入してきた。「和魂」を以て「洋才」を採り入れるどころか、日本古来の物が全て価値の無い物とされ、これが「御一新なのか」と、藤村の『夜明け前』の主人公、青山半蔵の気が狂う程、「西欧」が日本国内に跋扈跳梁する様相を呈するに至った。

しかし、ここで、このまま西欧色ただ一色に塗り潰され、日本民族としての意地と誇りを喪失してしまいそうな趨勢の中、西欧に己が力を認めさせ、出来る事ならば、西欧と対峙、更には、西欧を凌駕する力を身に付けんとする意識が、蠢動し始めるのである。アジア諸国を侵食・併呑せんとする、この西力東漸の波濤に立ち向かい、国家の独立の維持と発展を志向する国威発揚、そのための海外雄飛。この方針の源は、幕末に遡る屈辱を雪がんとする、「対・西欧」という強烈な意識であった。

二 「国威発揚」①
――琉球・台湾――

近代日本の国威発揚・海外雄飛の大方針は、琉球処分から始まった。
明治四(一八七一)年十一月、琉球宮古及び八重山の島民六十九名を乗せた船が、台湾の南端付近で座礁し、乗組員三名が溺死、残り六十六名が上陸したが、その中五十四名が当地の牡丹族(生蕃)に虐殺され、十二名は清国の官憲により保護され、琉球に無事帰還するという事件が生じた。この報に接した鹿児島県令・大山綱良は、台湾に征討の師を起こすべく、中央政府に上奏した。

「琉球国は昔から日本に帰属し、恭順を示して来たが……昨冬、琉球島民が台湾に漂流し、その中、五十四名が暴殺され、このような残虐な罪を許す訳には行かない。

そこで、伏して願わくは、綱良、皇威により、問罪の師を起こし、彼《か》を征することを欲す……。

それ故、軍艦を借り、直に彼の巣窟を目指し、首長を倒し、皇威を海外に輝かし、かつ、島民の怨恨を晴らしたく欲す……(1)」

さらに、鹿児島分営長であった樺山資紀もまた、この報に接し、憤然として、熊本の鎮台に桐野利秋を訪うて征台の意見を述べ、連れ立って上京。西郷隆盛・山県有朋に報告すると、西郷も征討に同意し、いよいよ、征台は内閣の問題となった。

ところが、台湾は清国の版図に属しており、琉球が日本の領土であれば文句は無いのだが、歴史的に見て日清両国に属しているが故に、琉球民が台湾で虐殺されたからといって、台湾に問罪の師を起こすことに名義があるのかという、大義名分の問題が生じた。西郷は、琉球は清国から形式的に正朔（暦）を受けるのみであるのに比し、我が国は、島津氏が征服して以来、属邦となっている以上、日本の版図に属するのは当然であると主張する(2)が、要するに、琉球王国が日本の支配する国であることが、客観的事実として示されれば、文句無い訳である。

そこで日本政府は、明治五（一八七二）年九月十四日、何と、琉球国王・尚泰を、一方的に、琉球藩王に封じ、華族に列するという、電撃作戦に出たのである。日本国内の二七三の藩は、明治四（一八七一）年の廃藩置県によって、既に、三府七二県に組み替えられている。琉球は、尚泰を王とする王国である。従って、先ず、この王国を廃して藩にしてしまったのである（さらに、明治十二年には、琉球藩を廃し、ここに沖縄県を設けるのである）。こうして、琉球を日本の支配地・領土にしておけば、台湾に於ける琉球島民の虐殺は、歴とした日本人虐殺になるという判断（魂胆！）である。

「琉球処分」と称されるところの、明治政府による琉球王国に対する強引な日本国化については後述するが、琉球島民の台湾での虐殺という出来事は、明治初期にあって、この報に接した大山綱良や桐野利秋、さらには西郷隆盛たちの反応に窺える如く、国威発揚を希求する士族（元・武士）たちにとっては、決して逃すことのできぬ好機であった。

　さらに、明治六（一八七三）年一月、備中小田県（現・岡山県）の漁民四名が、紀州沖にて風浪に流され、三月、台湾の東南岸に漂着したが、この折にも、現地の蕃民に生命を奪われそうになり、やっと逃亡して清国官憲保護の下、日本に帰ることができたが、この報に接するや、陸海軍の兵士たちは激昂。朝命を俟たずして蕃民を征伐せんと意気込んだのである。

この年の六月、北京で、外務大丞・柳原前光《やなぎわらさきみつ》は清国の大臣に、台湾生蕃事件について述べ、日本としては、当地に問罪の師を派する意図を告げた。それに対し清国の大臣は、台湾で殺害されたのは、清国に領属する琉球の国民であって、それ故、罹災者に対しては、既に、救恤《きゅうじゅつ》（救済）金を払っていると答えた。納得できぬ前光は、琉球は日本の属邦であると反論し、かつ、暴虐を働いた生蕃を処分したのかどうか、問い質したところ、清国側は、「生蕃は化外の民にして治教及ばず(3)」と返答。即ち、生蕃は化外の民、つまり、支配・統治の及ばぬ、従って教化できぬ民であるとして、加害者に対する処分に関しては、清国は逃げたのである。この「化外の民」発言が、後の台湾出兵の大きな根拠となるのであるが、明治新政府にとっては、いわば最初の国威発揚・海外雄飛の機会が到来したのである。

しかし、征伐の相手は、台湾という島の一部分、然も、未開の一部族の如き集団である。それに比し、どのような観点から見ても、そうした一部族よりも遥かに大きな征伐の相手を巡って、政府は大きな難題に遭遇することになった。即ち、明治政府を分裂せしめることになる、朝鮮出兵を巡る問題である。そこで、「閣議は征蕃問題を中止し、先ず、韓国問題を解決し、然して後、之に及ばんとするに決した(4)」のである。

いわゆる征韓論に関する書は、既に、汗牛充棟、論議が尽くされた感すらあるが、一応、経緯をまとめておこう。

明治新政府が、旧幕府の崩壊と新たな政権の成立を、朝鮮国に報告したところ、その内容と形式に関して朝鮮側から侮辱的な反応があった(交流の担当者を対馬宗氏から外務省へ変更したことに関する疑惑、使用文字に皇や勅、朝廷、朝臣など、従来なかった文字を用いたことに対する苦情等)。当時、朝鮮国を牛耳っていた大院君が極端な保守主義者であり、フランスの宣教師や数千人のカトリック教徒を処刑したり、その報復に来たフランス艦隊を撃退したり、さらには、開港を求めるアメリカ船シャーマン号を焼き払うなど、西欧を嫌忌する固陋な鎖国主義者であり（この点では孝明天皇も同じであったが、両者の大きな相違は、物理的力を把持する権力者かどうかに在る）、攘夷から西欧崇拝へと変心した、いい加減な日本に不信と疑惑の念を抱いたのも無理はない。

　このような、正に左《さ》袒《じん》する（蛮族の風習に従う）「東亜の裏切者」とは、とても、まともなつき合いはできぬと、日本からいくら新たな交流を申し出ても、朝鮮国は相手にしてくれない。そこで、こうした「辱」に耐えることのできぬ士族（元・武士）たちが、そんな無礼な国は征伐すべしと、騒ぎ出したのである。

　武士とは、「征韓」の二字に「血湧き肉躍る」人種であって、この征韓には、倒幕と維新の波に乗り遅れた不満分子のエネルギーを、外に向けるという効果も期待できる。

「四方、志を得ざる者、英気鬱勃、髀肉《ひにく》の嘆あり、窃《ひそか》に変あらんことを冀《ねが》はざるは無し。故に、此機に乗じ、彼等を半島に移植せしむるは、将に来らんとする内乱を外に転ずるの道にして……(5)」

このように、外交官・森山茂（元・大和藩士、天誅組に与して尊皇論を唱える）は征韓を主張するが、後に西郷隆盛も、この森山の論を踏襲している。こうした、四十万・五十万もの士族を朝鮮半島に移植して、来るべき内乱を外に転ずるという目的も見られるし、一方、戊辰戦争に出遅れた藩（たとえば佐賀藩）の汚名返上の目論みも、そこに窺えるのであるが、ここで、恰好の資料として、征韓論争の折、内閣書記官として、外征派・内治派による侃々諤々の論議の場に直接居合わせた、長沼熊太郎の「征韓論分裂始末」を取り上げることにしよう。

長沼自身が征韓派に心を寄せていることは明白であるが、そういう長沼が把えた、閣議に於ける「外征」の意味を分析してみる（現代語にて意訳）。


「……我が国が外国と交際した当初、幕府は暗愚にして、国権を失墜し外国に侮辱されたが、新政権になっても、幕府時代の経験・体験が身に付いてしまって、相も変わらず、外交は昔と変わらず、終始、外国の軽侮を免れることができない。

諸外国は日本を玩弄視（玩具のように弄ぶ対象と見る）しており、尋常の手段を以てしては、この状況を変えることは叶わない。日本が独立の地位に立って、国権を全うできるのは、いつになることやら……(6)」

明治四(一八七一)年の秋、諸外国の視察と不平等条約の改正を目指し、日本は遣欧使節団を送り出したが、木戸孝允や大久保利通等の一行が、「全権委任状」も知らぬのかと、外交に関する無知を嗤《わら》われ、まるで、子供扱いされる始末。何とかして、日本を見下す諸外国に対し、日本はそんな劣弱な国ではない、日本の力を見縊るなと、彼らを見返したいし、また、覚醒させたい。

そんな折、一大好機到来。我が国に対する朝鮮国の無礼極まる態度である。

「朝鮮国の示した無礼を利用して、ここに外征を起こし、国威を発揚して、諸外国に日本の勇猛果敢なる姿を見せつけ、今日の日本は、かつての幕府の如き暗愚にして懦弱《だじゃく》な日本ではないことを、思い知らせなければならない(7)」

いわゆる征韓論は、無論、日本に対する韓廷の「無礼な」態度に端を発したものではあるが、この「無礼」が、何故、朝鮮半島への出兵、即ち、征韓という武力行使に結びつくのであろうか。

そもそも、「征韓」という発想は、思惟・思考を巡らせる操作を経て、状況を冷静に客観的に判断した上で到達した結論ではない。征韓は、既に、歴史的事実として準備されている。即ち、まずは秀吉の朝鮮出兵であり、さらに、当時の士族には歴とした史実として認識されている、神功皇后の三韓征伐である。従って、征韓は突飛な発想ではないのであるが、当然、戊辰戦争の気分がまだまだ漂っている状況下でもあり、戦功に恵まれた者の喜色満面たる姿や、逆に、戦いに出遅れて手柄に与かること叶わなかった者たちの、怏々《おうおう》とした日々、版籍奉還や廃藩置県を経て生じた武士の大量リストラなどから見て、外征を望む雰囲気が充満していたはずである。

幕末から維新にかけて、開明期の日本に重くのしかかっていたのは、「対・西欧」という、いわば強迫観念の如き重圧であった。従って、この韓廷による無礼な態度に対する、日本側の過剰とも思われる反応もまた、「対・西欧」の脈絡で見る必要がある。

長沼熊太郎は、西欧列強の日本に対する「玩弄視」を叫び、遣欧使節団の例を挙げているが、「玩弄視」を思わせる出来事としては、先に見たように、高杉晋作が江戸の店先で斬り殺さんとした、驕慢な異国人や、天子が望む攘夷を決行したことにより、四ヶ国もの西欧列強の力に屈した長州藩、生麦事件に於ける、下馬せずに大名行列を妨げた（とされる）イギリス商人、そして、英国軍艦七隻による薩摩攻撃、神戸にて備前藩の行列を横切った、傲慢無礼なフランス兵、そして、旧幕府ならいざ知らず、天子様の宸襟を悩ませたとの反省の下、その責任を一人で引受けて割腹した滝善三郎、堺にて乱暴狼藉を働くフランス水兵殺傷の責任を執らされ、切腹した十一名の土佐藩士、こうした劣等視された日本人が切歯扼腕する体験は、枚挙に遑無しであるが、これらは全て、否応無く、「対・西欧」を強烈に意識させる出来事であった。

西欧列強から見て、日本が凡ゆる面で弱国であったことは、紛れも無き事実であり、文化・文明に於いて進んでいる者が、遅れている者を見下すことは、何ら不思議でもなく、むしろ、自然だといえよう。問題は、「玩弄視」された側の反応であって、軽侮されている現実をそのまま受け容れ、その現実に逆らわず、むしろ、甘んじようとする反応もあれば（たとえば、高杉が見た商人の卑屈な態度）、軽侮を当然視して、それに逆らう事など夢想だにせぬ反応形態もある（ヴェトナムの革命家、潘佩珠が指摘している、フランス支配下の一般的ヴェトナム人の如く）。概して、日々の生活が全てであると思念する、一般の生活者たちは、たとえ、自国が強大な国に支配されているにせよ、態々《わざわざ》、安定した生活を犠牲にしてまで、その強大国に逆らい、支配・被支配の関係を打破せんとするが如き意識は、仮に芽生えることがあっても、尖鋭化することはない。ところが日本には、このような屈辱に耐えることのできぬ人種が存在したのであって、それが、士族つまり元・武士であった。

そもそも、朝鮮国から無礼な書が届いたからといって、朝鮮国に攻め入って、日本の力でこの国を誘掖《ゆうえき》（つまりは、自分の都合の良い方向に導く）してやろうなどという発想は、本来的に、農・商・工の階層からは生まれて来ないのであって、武士のエートス（身に付いた精神態度）に由来するものである。然も、二百数十年もの間、西欧先進諸国との交流を殆んど断ち、国内の平穏無事に馴染んで来た日本に、西力東漸（西欧列強によるアジア侵食）の波が押し寄せ、強大国と信じて疑わなかった隣国・清国でさえ、この近代文明を誇る西欧によって侵食される現実を突き付けられては、狭隘な島国に閉じ籠っていては独立も危うしと思うのも無理はない。そこで、アジアの弱小諸国を併呑せんとする、強大な西欧諸国の侵略に触発され、日本もまた、海外進出に夢を馳せたとして、何の不思議も無い。然も、既述した如く、朝鮮半島への出兵は、何ら、斬新・奇抜な発想ではなく、武士たちの心に、先蹤（せんしょう。前例）として生き続けているのである。朝鮮半島への進出は、我が日本の国体を世界に輝かし、国威を発揚するための、決して逸してはならぬ一大好機であった。

　ところが、西欧先進諸国を視察してきた者は、日本とは隔絶した文明に驚嘆・瞠目あるいは惑溺し、新日本の建設には何よりも国力の充実、つまりは、内治を優先させることが至上目的であると主張する。近代国家の建設こそが最重要課題であるにも拘らず、こんな時に、朝鮮出兵などやっている場合ではないと、「只一ノ秘策」（朝廷工作）を用いて征韓論を潰してしまい、ここに、内閣は分裂してしまうのである。

内治を優先させ、一意、西欧化に狂奔する政府などは、下野した外征派から見れば、国家主権の保持という困難な仕事はできなくて、ただただ財政のみを司っているに過ぎない、「商法支配所」の如き組織（西郷隆盛）であり、「女児輩」の集まり（桐野利秋）であり、「小児病」を患う者の群れ（江藤新平）と映るのであるが、国威発揚を近代日本形成の一大目標に掲げていることに関しては、内治派も外征派も同じであって、ただ、その目標達成の手段が異なるだけである。

しかし、政府が分裂したことにより、国家の重鎮たちが下野したから、あちらこちらに「嵎《ぐう》を負う（山を背にして構える）虎」が居座ってしまい、まず、分裂の翌年、その虎の一頭、江藤新平を担いで、佐賀の不平士族が反乱を起こした。乱は、西欧化を邁進する政府軍によって潰されてしまうが、この佐賀の乱は、朝鮮国への出兵問題で、一時、棚上げにされていた台湾出兵を現実化させ、ここに、新生日本は、国威発揚のための外征の第一歩を踏み出すことになるのである。

台湾の生蕃征伐のきっかけは、無論、琉球の島民五十四名の虐殺であるが、この事件は、外征により国威発揚を狙う士族たちに、恰好の機会を提供した。確かに、征台という出来事を構成する要因としては、リストラされた不平士族に、出兵と征討という、武士としての矜持《きようじ》に訴えるという面も見られるし、また、長州出身の三浦梧楼が指摘するように、政府分裂の後、犬猿の仲となった、在京の薩州人と在国の薩州人との、融和を図る目的で敢行されたという面も見られる(8)。つまり、一方では、薩摩に帰って嵎《ぐう》を負う虎となった西郷隆盛、そして他方では、東京の中央政府の最大の実力者、大久保利通、この肉親以上に親密な関係にあった盟友・同志でありながら、朝鮮出兵を巡って喧嘩別れしてしまった国家の重鎮の、仲を取り持つには、台湾出兵は又と無い一大好機であったという面も見られるのである。然も、この征台を誰よりも積極的に推進したのが、他ならぬ、西郷隆盛の実弟・従道であったことを考慮すれば、三浦の指摘も首肯できよう。従道は、台湾が清国の領土であるが故に、出兵に異議を唱えた英米の公使からの抗議や、政府首脳の逡巡及び消極性を完全に無視し、「強いて之れ（出兵）を止めんとせば、璽《じ》書《しょ》（天皇の御璽《ぎょじ》の押してある文書）を奉還し、賊徒となりて直に生蕃の巣窟を衝《つ》き、以て累を国家に及ぼさざるべし(9)」などと気炎を吐き、誰にも止められぬ程、まことに意気軒昂。なぜ、そこまで、「国賊」となってまでも出兵せんとするのかといえば、やはり、出兵が不平士族のエネルギーの捌け口となっているからである。

従道は、さらに言う。

「此の際、姑息の策に出でんか、却りて士気を鬱屈せしめ、其の禍、恐らくは佐賀事変の比にあらざるべし[10]」

ここで、出兵の大義の一つとして、佐賀の乱が登場するのである。

直接的には、朝鮮出兵を潰されたことを不服とする佐賀征韓党と、政府の急激なる西欧化に反発する憂国党（党首は島義勇）など一万数千人の士族が蜂起したのが、明治七（一八七四）年の二月であり、この乱が鎮圧されるのが四月（江藤・島の斬首及び梟首《きょうしゅ》は、十三日）、それから間も無い五月二日には、従道は独断専行、長崎港より軍艦四隻を台湾に向かわせているから、佐賀の乱と台湾出兵は密接に関係しているのである。

士族という名の元・武士から、武士らしい生き方を奪ってしまった改革が、廃藩置県であり四民平等令であり、そして徴兵令であるが、幕府を倒し天皇中心の国家を建設する主体となって働いたのは武士であるのに、その武士の特権が次々と奪われて行く。佐賀の乱の二年後、萩の乱の首魁として斬首された前原一誠は、「抑《そもそ》も我が百万の士族　何の罪があるのか[11]」と慨嘆しているが、常職を解かれ、武士としての特権を奪われた士族にとって、国威発揚・海外雄飛は、心底、翹望《ぎょうぼう》して止まぬ、起死回生の血路であった。そして、朝鮮国による無礼な態度は征韓論を生み、ここに、その血路が見出されたにも拘らず、「女児輩」「小児病者」たちは、この血路を塞いでしまった。しかし、一旦燃え上がった士族のエネルギーは、まず、佐賀にて噴出する。武力に優る政府軍はこれを鎮圧するが、このエネルギーを放出しておかなければ、いずれまた、どこかで噴出するに違いないと、そのエネルギーの放出対象を台湾に求めた。

　朝鮮半島への出兵に関しては、外征などやっている場合ではないと、内治優先を主張しておきながら、それから一年も経たぬ間に、朝鮮には出兵しないが、その代わり、台湾には出兵するという、この余りにもいい加減な豹変振りに、それでは理屈が通らぬと、理路整然たる論理を重んじる木戸孝允が異議を唱えたのも当然である。江藤新平は強く征韓を主張したが、敗れて下野し、佐賀征韓党に担がれて蹶起。そして、捕えられ、斬首・梟首《きようしゆ》（さらし首）の刑に処せられた。だから、木戸は、「先には内治優先を主張して朝鮮出兵を潰しておきながら、その舌の根も乾かぬうちに、今度は台湾に出兵するなら、先ず、江藤の首を繋いだ上に、征韓論者たちに平謝りに詫びて、然る後に、遠征を決行せよ(12)」と、台湾出兵を是とする大久保利通を叱咤した。

木戸の言葉に、大久保は一言も反論できなかったはずだが、不平士族の侮り難いエネルギーを考慮したとき、木戸の正論に耳を貸す暇は無かった。何よりも、外征の二字に「血湧き肉躍る」何十万もの士族が、四方に充満しており、その上、嵎を負う何頭もの虎が、蹶起の機を窺っている。従って、論理の一貫性など、気にしている場合ではないのである。

「是の時に方《あた》り上下皆開戦の近からんことを想ひ、争うて国難に殉ぜんことを謂《い》ひ、或は金穀を献ぜんことを請ひ、闔国《こうこく》（全国）の意気大に振ふ」と、『明治天皇紀』は「開戦」を期する士族たちの戦闘意欲を伝えているが、ここに言う「開戦」とは、清国を相手とした戦争なのである。先に、「生蕃は、教化の及ばぬ化外の地」として、「征伐するなら勝手にどうぞ」というような事を言い、処分に関しては逃げておきながら、いざ、日本軍が台湾に攻め入るとなると、そこは、清国の面子が許さない。「台湾蕃地は琉球国と共に清国の版図なり、宜しく速やかに撤兵すべし(13)」と、抗議してくる。従って、台湾出兵が日清の衝突を招き、ここに、戦端が開かれる可能性は頗る大であり、士族たちは、心底、国難に殉じることを望んだのである。軍資金調達のため、官給を還納せんとする者、家禄の奉還や生活費の残りの献上を願う者が陸続として絶えず、各地で従軍を望む者も数多く見られたと、報告されている(14)。時は明治七年であり、実際、朝鮮国の支配を巡って両国が戦争するのは、まだ、二十年も先の話であるが、外征を、そして、国威発揚を希求する士族の魂は、既に、その出番を待ち望んでいたのである。

英国公使ウェードの調停により、日清は和議を結ぶことになるが(十月三十一日)、ここで、全権弁理大臣・大久保利通は清国に、日本による征蕃を義挙であることを認めさせ、さらに、清国に報償金五十万両の支払いに同意せしめたが、そのうち、十万両は被害者・戦死者・功労者に分配し、残りの四十万両を清国皇帝に返還してしまった。その返還の理由は、征蕃が利益の追求に基づくものではなく、只管《ひたすら》、義挙であることを明示するためであり、武力を用いて敵に勝つより、「国光」を輝かすことになるからであると、大久保が判断したからであった。清国から得た報償金は、戦費の十分の一にも充たなかったといわれるが、大久保の義挙意識に見られるように、台湾出兵は、たとえその規模は小さいとはいえ、幕末から西欧列強の力に押し潰され続けてきた日本の、国威発揚・海外雄飛の第一歩であった。しかし、先の琉球処分といい、この台湾出兵といい、その向こうには清国が、どっかり居座って構えているのであるから、日本は清国に、謂わば、「喧嘩を売った」のである。

そして、ここで、この台湾出兵を終えて、一時、中断されていた、より大きな問題が再燃するのである。即ち、対・朝鮮国の問題であるが、これも当然、その先には清国が控えているのである。

三　「国威発揚」②
——朝鮮開国と琉球国支配——

明治七（一八七四）年九月、頑迷固陋な保守主義者・大院君が政権の座を去り、より開明的な国王の親政となり、「両国（日本と朝鮮国）が修好協商の道、初めて開け[1]」る機運が熟するかと思われた。ところが、翌八年二月、外務少丞・森山茂が朝鮮国に赴くと、先の親日的態度が一変、日本との修好に尽くしていた大臣等が罷免されており、あの超保守的な大院君の党が再び権力を握り、又もや、日本からの国書に「皇」「勅」などの生意気な文字が使用されているとか、「大日本帝国」という国名に冠されている「大」は不遜であると、大清帝国を気遣う態度を見せ、そして、大院君が毛嫌いする西洋式の礼服を着することを忌避する始末。事ここに至って、森山茂、いよいよ、「口舌の能く了することと能はざる(2)」（この国は、口で言っても無駄である）ことを知るのである。

そこで森山は、政府に口舌によらぬ積極的姿勢を求め、「苟安退嬰《こうあんたいえい》（一時の平安を求める後ろ向きの）、迷夢の中に彷徨」していた内閣も、やっと、朝鮮国に対する示威運動として、軍艦を朝鮮半島の近海の偵察に従事させることになるが、朝鮮国がこの日本の行動に疑惑を抱いている中、九月二十日、雲揚艦が対馬海峡の測量の後、朝鮮半島の東南海岸から西岸を経て清国牛荘に至らんとする際、飲料水欠乏の故、江華島の近くに投錨し、上陸地を求めんと砲台前を通過せんとするや、突然、砲台から小銃の乱射を受ける。これがきっかけとなり、日朝が衝突したのが江華島事件。

雲揚の艦長は元・薩摩藩士、井上良馨《よしか》であるが、文久三年、薩英戦争の折、十九歳にして奮戦、負傷した軍歴を有し、西郷隆盛の征韓論に共鳴し、大陸経営に夢を馳せる外征派士族である。森山茂の「口舌の能く了すること能はざる」の言に、共鳴せぬはずも無し。

この江華島事件を機として、翌明治九年二月、日朝修好条規が締結されるのであるが、要するに、井上良馨は朝鮮国に対して、日本を開国させたペリーの役割を演じたのである。この一連の経過に関し、副島種臣は岩倉具視に、「我等の見込通り、兵力を用いなければ、朝鮮は話が出来ないという説が、是に於て勝ったと云わねばならぬ」と述べた折、岩倉も感動して、この副島の言に頷《うなず》いたということであるが(3)、鎖国日本に対するペリーの砲艦外交といい、この日朝の交戦といい、武力が大きな役割を果たしたと言わざるを得ない。

ところで、この江華島事件に関して注目すべきことは、木戸孝允の「思想の一変」である。そもそも、明治の初め、征韓を唱えたのは、他ならぬ木戸孝允であり、外征により国内に鬱勃した士族のエネルギーを外に向け、国内統一を図らんとしたのであるが、西欧世界視察の体験は、何よりも日本の後進性を痛感せしめ、従って、木戸は征韓論を引込め、内治優先を主張したのであった。

ところが、江華島事件が起こると、木戸は、台湾出兵の頃とは態度が一変し、積極的に朝鮮国に対する問罪の師に関わろうとする。すなわち、同じ征韓でも、前回と今回とでは、大義名分が異なると、木戸は把える。朝鮮国が砲撃して来たということは、我が国に敵対し、我が国権に恥辱を加えたということであって、これは断じて不問に付すべきではない。このような事態が生じたからには、ただただ、内治優先ばかり言っている場合ではない。「是に於て予の思想亦自（ずか）ら一変せざるを得ず(4)」と、木戸は、従来の、「外征などやっている場合ではない、今は内治に専念すべきである」という姿勢を変え、自ら遣韓使節となることすら申し出るのである——二年前の西郷の如く。

無論、ここで直ちに出兵論を主張するのではなく、先ず、朝鮮国と宗属関係にある清国に、事変の顚末を告げ、清国をして事の処理を為さしめるべきであり、もし清国がその役割（朝鮮国に対する処分）を果たさないのであれば、ここで、日本が朝鮮国に事変（日本の軍艦に対する砲撃）に関して詰問し、納得の行かぬ態度を執るならば、この時、朝鮮国に問罪の師を遣わすべきであると[5]、木戸は論じる。少々、回りくどい論理であるが、理路整然たる推論を信条とする木戸の面目躍如。しかし、木戸もまた、国威発揚という根本的国是の一推進者であることは、明白である。

確かに、たとえ、西欧先進諸国を視察してその高度な文明に驚嘆し、このような西欧諸国に追い付くには、日本も殖産興業及び教育や法体系（木戸の言葉では「政規典則」）に力を入れるべきであると、近代日本創成期に於ける、いわば正論を吐く木戸ではあるが、やはり木戸も武士、外征を伴う海外雄飛に心を惹かれぬはずもなし。従って、冷徹な論理を信条とするとはいえ、明治初年に朝鮮国への出兵を唱えた木戸の、武士としてのエートスは、決して外国視察で雲散霧消したわけではない。だからこそ、ほんの二年の歳月を経たに過ぎぬのに、「思想が一変」し、遣韓大使となって朝鮮国に出掛け、場合によっては朝鮮国と一戦を交えてでも、日本国が受けた恥辱を雪がんと、外征に意欲を燃やしたのである。即ち、国威発揚・海外雄飛に馳せる想いは一貫しているのであって、恐らくは、二年前、朝鮮国への出兵つまりは外征の魅力に自身も惹かれたにも拘らず、西欧先進諸国への視察によって、否応無く、内治優先・国力充実という喫緊の課題に迫られ、且つ、ここで朝鮮出兵を認めてしまえば、自分たちの西欧視察が徒労になるやも知れぬ、何のための遣欧だったのかという焦燥も生じて、断固、出兵否認の態度に出たのであろう。

明治政府による国威発揚路線は、まず、琉球処分から始まった。琉球人の台湾での虐殺を期に、歴史的に日清両国と深い繋がりを有している琉球王国を、日本の施政権下に在ることを内外に示すため、一方的に琉球王国の王・尚泰を藩王に封じ、華族に列するという手法を採り、琉球は日本国の一部であると公言してしまう。ところが、日本が勝手に国王を藩王に変え、日本の支配を認めさせようとしても、清国以前の明国からの長い歴史的交流を続け、冊封（宗属関係）を受け、正朔（暦）を奉じてきた琉球としては、そう簡単に宗属関係を破ることはできない。そこで、日本としては何とか清国の羈絆を脱せしめようと、色々、苦労するが、琉球側は言を左右にして、清国との宗属関係を持続させようとする。清国としては、前の明の時代から絶えることなく、冊封・正朔を通して、琉球との宗属関係にあることを主張するが、それに対する日本側の反論の根拠は、畢竟、慶長十四(一六〇九)年の島津家久による琉球征服に、つまり、武力制圧したという事実に在るのであって、冊封や正朔などは単なる形式に過ぎぬと、断固、歴史的事実としての征服の重みを主張するのである。ところで、肝心の朝鮮国王・尚泰は、武力制圧は事実なれど、我が心、今なお、清との宗属関係を重んじて止まず、である。だから尚泰は、使者を上京させ、日本が強引に清国との関係を絶たせようとして、清国への朝貢使や慶賀使の派遣を禁じ、清国から冊封を受ける等の旧習の廃絶を命じるが、こうした旧習の保持を認めるように、使者を通して嘆願するのである(6)。

日本政府は、断固、清国との旧来の交流を廃せよと命じる。琉球側は、「明国にまで遡る五百年来の縁由を一朝にして謝絶するような事は、天理に悖り、人道に背き、宇内に立つべき顔なし(7)」と、心底、清国との密なる関係の存続を懇願するのである。ところが、日本政府は、

「清国に対して臣礼を行うことは、我が国体と国権とに関すること最も大なるが故に、断然、謝絶せしめざるべからずとの廟議牢固たれば、姑息の藩情を酌量すべからざるを以てし、而して其の嘆願を拒否(8)」するのである。

とにかく日本政府としては、琉球と清国との歴史的繋がりを断ち切りたい。そして、琉球に対する日本の支配権を、確立したい。ところが、日本政府の執拗な督促・勧告あるいは恫喝にも拘らず、琉球藩は、清国との「情義」や清国からの「譴責」を理由に、日本の支配権を全面的に受けようという「朝命」を奉じようとはしない。そこで、いよいよ、日本としては最終的な実力行使に出る。明治十二(一八七九)年、三月十一日、琉球藩を廃して沖縄県とし、琉球藩王であった尚泰の東京移住を命じ、警察官及び歩兵半大隊六百人を首里城に向かわせ、尚泰に家族共々城から出ることを強要し、上京を命じ、士族総代六十余名による、尚泰病身につき上京延期の嘆願も却下し、とうとう六月九日、尚泰を入京せしめ、十七日、尚泰は、嫡子・尚典、次男・尚寅を始め旧藩臣十余名を従えて参内し、従三位に叙せられ、ここに、旧・琉球王国を完全に日本の支配下に置いたのである。

無論、二世紀半もの間、宗属関係を続けてきた清国としては、このような日本の勝手な琉球支配を認めるわけには行かない。日本が琉球を郡県制に組み入れるなど、「人の国を滅し人の祀《まつり》を絶ち、清国並びに各国を蔑視すると云うべし」と日本を非難し、こうした「廃球為県」の挙を停止すべきだと主張するのである(9)。

琉球処分に対する清国の批判は、当然だと思われるが、台湾出兵や江華島事件を経て、清国は文句は言うが、日本に対し武力行為など無いと踏んだのか、日本は清国に対して何ら妥協の態度を採ることはなかった。衰えたとはいえ、大国である清国の力に対する怖れが無い訳でもないが、とにかく、清国との葛藤が生まれそうになれば、外征の二字に「血湧き肉躍る」士族たちが、制御できぬ程、国内に充満し、「争うて国難に殉」ずることを請い願う始末だから、老大国が相手とはいえ、この剛胆な士族のエートスが、琉球処分や台湾出兵そして江華島事件を生み、国威発揚の国是の下、海外雄飛を進める原動力なのであった。

明治初期の海外雄飛は、必ず、隣国の老大国・清国との葛藤を生み、清国との対立抜きで日本の国威発揚は有り得ないという客観的状況の下、日本は衝突を何ら回避することなく、この路線を突き進むのである。琉球・台湾の後、次に国威発揚・海外雄飛が向かう地は、地理的・歴史的に、当然、李氏朝鮮国であった。

四　「国威発揚」③

――朝鮮国への介入――

隣国・朝鮮国が、李王朝支配の下、統一国家として磐石の基礎を築き、何ら外部からの容喙《ようかい》（干渉）を許さぬ程、立派に統治されていれば、当然、日本が誘掖・扶掖・教導などの言葉を用いて、そこに入り込むなど、有り得なかった。ところが、明治九（一八七六）年二月の日朝修好条規の締結によって、朝鮮国の鎖国は終焉を告げ、ここに、日本と朝鮮国との正式な交流が始まるのであるが、その頃、朝鮮国にとっては不幸なことに、そして、日本にとってはまことに都合の良いことに、この国は、とても自力で統一国家としての発展を期するに足る、国家的一体性の自覚に乏しい状態にあった。

一例を挙げよう。

後に、王紀（閔紀）暗殺事件（後述）で大きな役割を演じた三浦梧楼によると、古来、朝鮮では、官職を売って宮中の費用に充て、高く買った者には良い官職を与えたそうであるが[1]、こうした悪習が絶えることのない宮中での勢力争いも、普通ではない。周知の如く、国王・高宗の実父・大院君（李是応）と王妃・閔紀（或いは閔氏）とは、血で血を洗う政争を繰り広げていたが、頑冥不霊なる保守主義者・大院君が失脚すると、気弱な国王に代わって、垂簾政治の如く夫君（国王）を操る開明的（或いは新奇な物に興味を抱く）閔紀が、日朝修好条規に基づき、日本の支援の下、近代化を目指した様々な改革を行い、旧体制に馴染む一派の反感を買うことになった。新体制に不満な連中、たとえば、新しく設立された「別技軍」の優遇に立腹した旧軍人たちは、以前の如く大院君による執政への復帰を求め、これが、政権を再び握らんと虎視眈眈であった大院君に、政権掌握の恰好の状況を提供したのである。

三浦梧楼の指摘する如く、宮中の政治は汚職・瀆職・賄賂の横行で腐敗し切っており、軍人の給料など、まともに支給されることもなかったのであるが、約一年振りに支給された米は腐っており、中に糠《ぬか》や砂が混ざっている始末。これでは軍人たちが暴動を起こすのも当然であり、この状況を利用し、かつ、軍人たちの反乱を使嗾したのが、他ならぬ大院君であった。新体制に不満を抱く軍人たちは大院君を頼り、待ってましたとばかり大院君は、「閔氏を誅殺し、日本人を鏖《おう》殺（皆殺し）せよ(2)」と命じる。不満分子は朝鮮政府による改革や新制度に反発しているのであり、その元兇である閔妃も襲われたが、王妃は蒙塵《もうじん》（都落ち）。さらに、新制度をもたらしたとされる日本も憎悪の対象であり、日本公使館は襲撃され、新たな武器で別技隊を指揮していた陸軍軍人・堀本礼造（中尉）や公使館員十三名が、暴徒により殺害されたのである。

これが壬午《じんご》事変（軍乱）であるが、明治政府にとっては、開国以来、最大の事件であった。台湾では琉球島民が五十四名も殺害されたが、人数の問題ではない。国家間の条約を締結した相手国で、日本から派遣されている軍人や公使館員が、その国の暴徒によって殺害され、然も、相手国は、このような暴動を抑止する力を持ち合わせていない。日本政府は、断固、この暴挙を許すことはできぬと、陸軍少将・高島鞆之助に命じ、軍艦四隻、陸軍歩兵一個大隊を率いて朝鮮に向かわせた。「若し清国其の他の各国より仲裁を提議することあるときは、之れを拒絶すべし(3)」と、誰が何と言おうと、一歩も引かぬという意気込みである。

　政府だけではない。この事件が伝えられると「朝野震駭」し、「国民敵愾の気昂張して、又抑ふべからざるものあり、或は従軍を志願し、或は献金を請願し、踊躍《ようやく》して国難に当らんとす(4)」る状況であったし、山県有朋などは、「清国と戦ふは今日を以て好機と為す(5)」と言い、正に、日本全国、臨戦態勢なのであった。

ここで、約九年前を振り返ってみると、当時は征韓が叫ばれ、国内の士族たちはもう「血湧き肉躍る」気分。既に天皇の使節派遣の内勅を得、西郷隆盛は喜び勇んで、その日の到来を待ち焦がれている。「おいが死んだら、やれ[6]」と、自らの死の後に朝鮮に出兵せよと、部下の桐野利秋に命じ、出兵の大義名分を明らかにせんが為の死を覚悟していたのであるが、今、状況は九年前とは異なるとはいえ、堀本礼造及び公使館員たちの死は、朝鮮国への出兵に、申し分の無い大義名分を与えることになるのである。それにしても、何と戦《いくさ》を好む人種であることか、士族という名の元・武士は。黒田清隆が訴えたように、政府が優柔不断にして、このような国辱を不問に付すような事があれば、何よりも、日本という国家が「外侮を招く」のであって、そうした国家の恥辱には耐えることができぬというのが、士族たちの痛切なる思いなのである。

　壬午事変が起こると、朝鮮国の宗主国である清国は、「属邦の乱を鎮め、善後の図を為さん」と、馬建忠・丁汝昌が軍艦三隻を率いて「威容を示」し、朝鮮国に対する宗主国としての存在を誇示せんとするのであるが[7]、清国としても、現在、ヴェトナムの領有権を巡ってフランスとの間に葛藤が生じている以上、ホンネとしては、今、日本と揉め事を起こしたくない。そこで、このような不祥事を起こした張本人の処分として、大院君を拉致し、直隷省の保定府に抑留してしまう。

　こうして、この軍乱を収めるために、賊徒の処分や日本への謝罪、損害賠償金五十万円の支払い、日本公使館護衛の為の兵員の駐留権等が記された、済物浦《さいもつぽ》条約が結ばれることになる。

　既述したように、この壬午事変は、明治維新以降、国家の威信を懸けた大事件であったが、この事件によって、琉球処分や台湾出兵などとは比較にならぬくらい、清国との衝突が現実味を帯びて来ることになる。

済物浦条約に則り、朝鮮国から謝罪使として朴泳孝や金玉均が来日したが、彼らは、清国の羈絆を脱し、一個の独立国として国内の改造に邁進したいという意思を表明した。彼らと対立するのは、事大党、つまり、大（清国）に事《つか》える親清派グループであり、要するに、清国を後盾として自派勢力の保持・強化を狙うのが目的。独立党は、新興国・日本の力を借りて、自派勢力の拡大を画策するのであるから、朝鮮半島への進出を図る日本としては、正に、謂わば、渡りに舟、恰好の提携相手である。ところが、独立党への支援は、当然、清国との衝突を惹起せしめるはずである。だから、大国である清国を怖れる者は、独立党への過度の接近を避けようとする。

政府首脳陣、たとえば、外務卿・井上馨、参議・伊藤博文、右大臣・

岩倉具視は、朝鮮国との交流に関しては、次のような見解を抱いている。

朝鮮国が一個の独立国として、自国の内乱を鎮圧するだけの実力を有することは、まことに望ましいことであり、その為には、日本が武器を貸与したり、兵を訓練したり、教師を派遣しなければならない。

ところが、そういう事を実行した場合、清国の「猜疑を招き」、戦争を惹き起こすことも無いとは言えぬ。そうなれば、亜細亜の平和を乱すことにもなるから、避けなければならない。

仮に、朝鮮国に様々な形で援助を与えるとするなら、先ず、朝鮮国から清国にその事を通知し、清国より、異議無しという了解を得なければならない。清国に秘して朝鮮国を援助するなど、あってはならぬ事である(8)。

時の政府首脳は、このような見解を抱いているのであるが、さらに伊藤は、独立党の力はまだまだ微弱であり、朴泳孝や金玉均など、ただ、少数党であるに過ぎず、多数党である事大党を敵として、清国の猜疑・憤怒の情を生ぜしむることは、まことに危険であるから、そんな事は避けるべきである、という見方をしていた。

こうした「清国の猜疑と憤り」を心配して、朝鮮国への支援もしくは関与を控えようとする意識が支配的であったなら、その後の日清関係は無難に進展していたと思われるが、国威発揚・海外雄飛に燃える路線は、そのような柔和な代物ではなかった。

たとえば、独立党（開化党）の重鎮・金玉均を支援した福沢諭吉は、自分の書生であった井上角五郎《かくごろう》（朝鮮政府顧問、新聞紙「漢城旬報」を発刊）が朝鮮に向かう際、「朝鮮国を清国から独立させたいが、朝鮮国に日本以外の国々をして、手を出さしめる訳には行かぬ。日本の勢力範囲の下に置いて、緊密提携しなければならぬ[9]」と、その「朝鮮経営策」を説いている。すなわち、朝鮮国を清国から独立させはするが、飽く迄も、日本の支配下に置いておき、他国から干渉させてはならない、というのである。要するに、朝鮮に対しては、清国の羈絆を脱して、日本の好むような形で、日本と提携することを求めているのである。

後に福沢は、かの有名な「脱亜入欧」を説くが、これは、近代的な独立心・人権思想などの認識のレヴェルには、とても達する可能性の無い国々、たとえば、この朝鮮国のような国とは、まともに付き合う必要などなく、西欧流にこれを下に見て、日本が誘掖すればよいという論なのである。この点は、朝鮮国の独立など取るに足らぬ「愚劣極まる議論」であると述べ、朝鮮国はいずれ他国に侵略される運命にあるから、独立の支援などは馬鹿馬鹿しいと言い切った、副島種臣も同じである[10]。四面を海に囲まれた日本の如き島国は、何としてでも大陸に領土を得なければ、独立を維持すること叶わない。先ず、地理的関係から見て、領有すべきは朝鮮であるが、既に支那が朝鮮に魔手を伸ばしているから、朝鮮を得んとするなら、支那と一戦を交え、武力によって我が目的を遂げるしかないと、副島は明治の初めに、清国との戦争を訴えているのである。

　これは、幕末の吉田松陰や橋本左内の外征論を、そのまま継承しており、井上馨や伊藤博文、岩倉具視にとっては、国家間の紛争を招来する、まことに危険な大陸進出論であった。

　幕末から維新そして近代日本の歩みは、西欧先進諸国によるアジアの植民地化、いわゆる西力東漸という波濤との関連で把捉しなければ、決して理解できない。例の征韓論が叫ばれていた頃の、内閣書記官・長沼熊太郎が用いた表現、(西欧列強による我が日本の)「玩弄視」は、国威発揚・海外雄飛を形成する大きな要因となっていた。この「対・西欧」

の念の固まりのような国家論者は多いが、その一人、荒尾精（一八五九―一八九六、尾張藩出身）は、西欧列強によるアジア侵食に対抗して、日中韓の連携を訴えるが、ここでも、三国対等の前提など全く見られない。

「……西力東漸は、二者（白人と黄色人）の競争であって、たとえば、朝鮮の貧弱は、たとえ朝鮮の為に憂えなくとも、深く我が日本の為に憂えなければならない。清国の老朽は、たとえ清国の為に悲しまなくとも、我が日本の為には悲しまなければならない……(11)」（現代語訳）

実に、日本中心の、正直な三国提携のアジア主義ではないか。

強大な力を有する西欧先進諸国を相手に、アジアの平和を維持するには、どうしても、アジア諸国とりわけ日中韓が手を組まなければならない。しかし、既に清国は西欧列強による侵略を受け、これを撥ね返す力も無い程、弱体化し、朝鮮国また、その弱体化・老朽化した清国の属邦となっている始末であって、とても、対・西欧の観点から、頼りになる相手とはいえない。従って、三国提携の主役、そして、アジア連盟の盟主は、皇国・日本以外には有り得ないのである。この「アジアの盟主・日本」という自覚もしくは勝手な思い込みは、大日本帝国が崩壊するまで、修正されることはなかった。

既に述べたように、壬午事変は、明治日本が遭遇した最初の国威発揚・海外雄飛の舞台を提供してくれたが、清国側が事変の元兇・大院君を拉致し、朝鮮国政府が謝罪し賠償金の支払いを認めることで、一応、解決した。事大党（親清派）政権に不満を抱き、自派勢力（独立党）の拡大を狙う朴泳孝や金玉均は、日本の支援を仰ぐが、伊藤・井上・岩倉等は清国の「猜疑と憤り」を怖れ、独立党支援に身を入れようとはしない。しかし、朝鮮の情勢は、後のロシアを怖れる「恐露病者」に倣って言うなら、「恐清病者」の不安を他所に、恰も、事態は、朝鮮への日本の関与を後押しするかの如く、進展するのである。

明治十七(一八七四)年十二月、清国がヴェトナムの領有権を巡ってフランスと争うのを好機として、事大党(親清派)の政権を覆さんと、独立派(親日派)がクーデターを敢行し、事大党の要人を数人斬殺。独立党が政権を掌握し、朴泳孝・金玉均も要職に就いた。ところが、こうした事態を、清国が見逃す訳が無い。事大党の要請により、袁世凱が一五〇〇の兵を率いて、独立党を殲滅せんと王宮に乱入。日本は、壬午事変の後に結ばれた済物浦条約により、公使館に若干の護衛兵を駐屯させており、奮戦したが、所詮、衆寡敵せず。日本軍及び独立党派は退去。そして、清国軍の擁護の下、再び事大党の政権に戻り、独立党政権は三日天下で崩壊した。正に、槿花《きんか》（ムクゲの花）一朝の夢である。

一時は政権の座に就いていた朴泳孝や金玉均等独立党の九名は、日本に亡命するのであるが、京城にて清国兵に虐殺された者は、三十人に及んだ。これが甲申《こうしん》政変であるが、日朝間の紛糾は、翌年の漢城条約の締結により、国王による謝罪や賠償金の支払いで、一応、収められたものの、問題は、清国との関係である。

事変の後始末に、日本政府は参議兼内務卿・伊藤博文を清国に遣わし、天津条約が締結されるのであるが、事大党が再び政権を握ってからは、朝鮮国に於いて日本の勢力は一掃され、宛《さなが》ら、朝鮮は清国の保護国の観を呈していた。

「日本国内では、事変に於ける清国の態度を憤り、清国膺懲《ようちょう》が叫ばれ、人心大いに激昂(12)」

その後の日本の進路を考慮すれば、先に、朝鮮に特派大使として遣わされた井上馨を護衛した、陸軍中将・高島鞆之助や海軍中将・樺山資紀の如き武人による、日清関係の把え方が現実味を帯びて来るのである。こうした外征派は言う、「日清両国の衝突の原因は、今回の事変を遠く遡り、琉球処分や台湾征討、江華島事件、そして、二年前の壬午事変に起因するものである。今回の政変に於いて、清国兵は極めて暴虐、我が兵を攻撃し、在留邦人を殺傷。我が国人は切歯扼腕、義を以て之に報いざるを得ない。此の千載一遇の好機を失はず、非常の英断を以て非常の事を決行し、以て国権を振作し皇威を宣揚すべし[13]」と。

政府は事を平穏に処理せんとし、このような武人たちの国威発揚の主張を退け、こうして日清間に締結されたのが天津条約であり、そこでは、朝鮮からの撤兵や、軍事顧問について定められたのであるが、後の日清戦争の折、問題になったのが、「行文知照」、すなわち、将来、朝鮮に出兵する際には、お互いその旨を文章で通知するという条項であった。

斯くして、日清間の衝突は一応回避されたが、壬午事変の時と同様、「民心大に激昂し、清国膺懲の声盛に起る、或は往時の征韓論を再燃せしむるの虞《おそれ》なしとせず[14]」という情勢であり、平穏無事を願う太政大臣・三条実美が、「人心を鎮撫し、軽挙に出づることなからしむ」旨の内諭（内々の諭告）を、各省・地方長官等に発する程、国民は清国との戦争も辞さぬ覚悟であった[15]。

高島鞆之助や樺山資紀の言う如く、琉球処分、台湾出兵、江華島事件、壬午事変、そしてこの甲申政変、いずれも、明治維新政府（とりわけ「外征派」）の国威発揚・海外雄飛路線が生み出した、或いは、この路線に絡む出来事であるが、全て、その背後には、アジアの老大国・清国が控えており、清国との葛藤・衝突を孕む出来事であった。そして、仮に、締結された条約によって、日本が路線を変更するのであれば、両国間の友好関係は維持されたはずであるが、外征もしくは海外進出を志向する、士族という名の元・武士たちの多くは、とてもとても、可能な限り清国とは揉め事を起こさず、平和愛好的に交際しようとする姿勢からは程遠く、衝突回避の方向に進もうとするどころか、逆に、ますます、傲慢無礼な清国膺懲の気運を高めてやろうという人種だったのである（朝鮮に乗り込んで「事大党の暗殺、京城の支那公使館の焼討ち」などを企てた、大井憲太郎一派の大阪事件などは、倨傲この上無き清国に対する忿懣を表すほんの一例に過ぎない）。

甲申政変後に締結された天津条約によって、日清両国は朝鮮から撤兵し、これで両国は戦争に突入することなく、李鴻章を相手に条約を締結した伊藤博文としては、このまま日清が衝突せぬ事を秘かに願ったはずである。確かに、明治十九（一八八六）年八月に起こった、清国水兵暴行事件（長崎事件）――清国の軍艦四隻が長崎に寄港の折、清国水兵数百名が上陸した後騒擾《そうじょう》を起こし、警官と闘争、双方に死傷者を出す――では、日本を見下した清国兵の態度に、日本人は激しい憤りを覚え、清国に対して非難囂囂ではあったが、ドイツ公使の斡旋などによって協議が成立し、平和主義者と評される伊藤博文・井上馨路線の下、なんとか、日清間の衝突は回避されたのである（甲申政変の折、日本に亡命した金玉均などは、事大党の天下となった政権転覆を諦めず、日本による支援を求めていたが、清国との揉め事を避けたい政府による、金に対する冷遇も、それを物語っている）。

しかし、高島鞆之助や樺山資紀が指摘したように、日清間の衝突は、既に、明治初期の琉球処分に起因しているし、清国は日本など格下の三等国と看做しており、日本は日本で、大国を物ともせず、むしろ、傲岸尊大な清国など膺懲せよと意気込む始末であるから、所詮、衝突は不可避であったと思われるのであるが、実に、その衝突を慫慂（しょうよう）するかの如く、朝鮮半島に農民による一大擾乱が発生した。東学党の乱（甲午農民戦争）である。

五　「国威発揚」④　――日清戦争――

李氏朝鮮の施政劣悪にして、汚職・瀆職の蔓延にもう我慢ならぬと、農民が反乱を起こし、その勢力頗る猖獗《しょうけつ》を極め、政府はこれを鎮圧することができない。そこで、清国に援兵を請い、この要請に応じて清国軍が出動。

天津条約に言う「行文知照」に基づき、清国軍出動の報告を受けた日本にとっては、一大事。「朝鮮に於ける日清勢力の平均を維持」せんがため、朝鮮国に在留する日本人の保護を名目として、日本軍も出兵するのである。これで、いよいよ、日本と清国が戦闘状態に入り、戦争へと進展するのであるが、平和主義の伊藤・井上は、なんとか日清間の衝突を避けようとしたし、何よりも、「今回の戦争は朕素より不本意なり、閣臣等戦争已むべからざるを奉するに依り、之を許したるのみ(1)」の言葉に表れているように、明治天皇自身は、一貫して、平和志向であった。「大日本帝国ハ万世一系ノ天皇之ヲ統治ス」と規定され、「天皇ハ神聖ニシテ侵スヘカラス」と、その神聖性を謳われた統治者である天皇が、「この戦争は、自分にとっては、不本意である」と、慨嘆したにも拘らず、日清間の武力衝突は推進されることになる。その推進の「功労者」が、全権公使・大鳥圭介（一八三三―一九一一、旧・幕臣）であった。

日本国内で「清国膺懲《ようちよう》」は、既に、何度も叫ばれて来た。この東党党の乱を機に、清国軍と日本軍が朝鮮に出兵している今、清国を完膚無きまで叩きのめさずにはおれぬという敵愾心は、国内に沸騰している。「平生、政府に反対する者と雖も、大事に臨んでは上下一致せざるべからざるを知る、故に隠忍して今日に至れり、然れども、今や彼等政府の優柔不断なるを見て憤慨に堪へず、若し夫れ尚空しく数日を経過せん乎、輿論の紛擾抑ふべからず[2]」と、松方正義は内閣総理大臣・伊藤博文に開戦を迫った。ところが、「天皇は、日清親善と東洋の平和とを軫念《しんねん》（心配）したまふこと最も切な」るが故、平和主義の伊藤は開戦を躊躇するのであるが、何よりも、清国軍は朝鮮政府の要請を受けて出兵しているのに比し、日本軍は、要請が無いにも拘らず、「居留民保護」や「勢力の均衡」を名目として出兵しているに過ぎないという弱みがある。従って、最も必要なのは、清国軍に対する攻撃を正当化するための、大義名分なのである。そこで、日本側が利用したのが、あの大院君であった。

大鳥圭介は、岡本柳之助（一八五二―一九一二、元・紀州和歌山藩士）を、快々として失意の日々を送っていた大院君と会見させ、岡本は、天敵ともいえる閔氏を葬りたい大院君を擁して王宮に乗り込み、大院君が実子である国王の摂政であることを国内に布告せしめ、清国兵打ち払いの「勅書」を出さしめることに成功し、ここに、清国相手の開戦の、立派な名分が生まれたのである(3)。

伊藤内閣は、事局を円満に解決せよと、何度も訓令して来るが、今、清国を叩かずしていつ叩くのかと、現地の陸軍は、一刻も早く攻撃命令の出る事を待ち望んでいる。

そもそも、日本には、各国を納得させるだけの、出兵理由がない。朝鮮国は一独立主権国家であるはずなのに、清国が相も変わらず、己の属邦の如く看做しているから、そのような清国を膺懲するのだと言っても、それだけでは、何の出兵理由にもならない。朝鮮国が日本の属国であるなら別だが、日本自身、何度も、朝鮮国は一独立国家であると主張している以上、文句は言えても、清国が朝鮮国を属邦扱いすることは、清国と朝鮮国との関係であって、日本がとやかく騒ぎ立てる話ではない。清国と朝鮮国にとっては、余計なお節介である。

ところが、国威発揚・海外雄飛の路線を突走り、機会があれば大陸進出を狙わんと意気込む連中（外征派）は、朝鮮国から清国の勢力を駆逐し、日本にとって都合の良い国にしてやろうと、躍起になっている。そこで、雲峴宮《うんけん》に引込んでいた大院君まで引っ張り出して、日本軍出兵と清国軍撃退の口実を作り、これで、「列強の斉《ひと》しく承認する開戦の理由」が生まれ、日清戦争が可能となったのであって、日本が「世界列強の一に班するに至ったのは、一に此の日清役が其の始を為した(4)」と言うことができるのである。

それにしても、この日清の開戦期には、清国との衝突を避けたい伊藤内閣の訓令も無視し、何よりも、「東洋の平和」を希求する、神聖不可侵なる統治者、天皇の意に逆ってまでも、壬午事変や甲申政変の折にも燃え上がった、囂々たる清国膺懲の声が、如何なる力を以てしても抑えることができない程、大きな潮流と化していたのである。

日本は、明治維新後、最初の国民戦争に勝利し、これでやっと、清国に朝鮮国の独立を認めさせ、先の琉球王国に対してと同様、清国の羈絆を脱して、日本が思い通りに扶掖できる国家に仕立て上げる可能性が、開かれたのである。

ところが、好事魔多し。

日本が、朝鮮半島に接壌する遼東半島を領有することは、同国の独立を危うくするものであり、朝鮮国の独立を主張する日本の謳い文句に矛盾するではないかと、尤もらしい理屈を付けて、実は、自分が欲しくて堪らない遼東半島の清国への還付を、独・仏を誘ってロシアが要求してきた。「日本国若し同意せずんば、積極的行動に出て、日本国の或る地点を砲撃する覚悟あるべし(5)」と、日本の大陸進出を危惧するこれら欧州諸国は、日本を恫喝し、とても三国相手にこれ以上喧嘩する余裕の無い日本は、止むを得ず、遼東半島を還付する。『臥薪嘗胆《がしんしょうたん》』(我慢・忍耐)。

ところで、この日本のロシアに対する屈服は、韓廷に於ける日本の評価を完全に下落させる効果を有した。日本が、予想に反して、清国軍に対して勝利を収めて行くにつれ、清国を宗主国と仰ぐ韓廷の態度は、本来が右顧左眄であるだけに、清国よりも日本贔屓《びいき》に変わって行くのも自然である。固《もと》より、「大に事《つか》える」ことを信条とする韓廷であるから、その「大」が清国から日本に代わるだけであった。

ところが、三国干渉に於ける日本の敗北は、当然、「大」は日本ではなくロシアであるとの確信を生ぜしめる。この流れを、何よりも日本の大陸進出を願う国権論者は、次のように見た。

「……露独仏の三国が日本に干渉して遼東半島の還付を余儀なくさせるや、今まで日本の勢威に慴伏していた朝鮮の上下には、漸く日本を軽視する風を生じ、……李太王を始め朝鮮政府の高官達は、忽ち態度を変じて日本を排斥せんと企て、密かにその運動を始めたのである……(6)」

夷を以て夷を制する、いわゆる以夷制夷《いいせいい》外交は、韓廷のお手の物。朝鮮半島から日本の勢力を駆逐したい李太王と閔妃は、三国干渉で日本を苦しめたロシアと結びつき、「露国公使ウェーベルの手は益々韓廷の内部に伸びて、滔々たる露国の勢力は俄然朝鮮に於ける日本の勢力を圧倒する(7)」に至る。

そもそも、日本は何の為に清国との戦争を敢行したのかといえば、それは、明治二十七年八月一日に発せられた「宣戦の詔書」に述べられている如く、何よりも、朝鮮国が一独立国家であるにも拘らず、清国が事有る毎に自分の属邦と称し、陰に陽にその内政に干渉し、日本が朝鮮国を一独立国として交際することを常に妨害してきたことが、揚言されているのである。要するに、日本と朝鮮国とのつき合いの邪魔をするな、ということであった。そこで、清国を懲らしめて、朝鮮国に対してはもう口出しをしないように、約束をさせたのである。

ところが、戦争に敗れた清国は、朝鮮国同様、お得意の以夷制夷もしくは遠交近攻作戦でロシアに干渉・容喙させ、日本に遼東半島を一時は返還させたものの（その後、今度はロシアに取られてしまう）、そのお蔭で、韓廷へロシア勢力をどんどん侵入させてしまったのである。何の事は無い、日本が朝鮮国から獅子を追い出したら、次には、もっと恐ろしい熊が入って来たという訳である。これでは、一体、何の為の戦争だったのかと、国威発揚に燃えて闘った外征論者たちが、心底、慨嘆したのも当然である。
韓廷に於ける日本勢力の衰退とロシア勢力の強大化を、肌で感じ取っているのは、在朝鮮の民間の志士たちである。彼らは、日清戦争が、国家の命運を賭して勝利を収めた戦争であったにも拘らず、その最大目的である清国からの朝鮮国の独立と、日本による扶掖・誘掖（つまりは、日本にとって都合の良い形に改革すること）が妨害され、扶掖・誘掖の主が日本からロシアへ移って行くという、決して許すことのできないこの敗衄《はいじく》の元兇を、李太王の妃・閔妃に見た。『牝鶏晨す《ひんけいあしたす》』（女の出しゃばり）。

「露国の勢力が滔々として朝鮮半島へ侵入する根源は、実にこの宮廷の一女性、閔妃その人の一顰一笑の間に養はれた。……閔妃を屠《ほふ》れ！　閔妃を葬れ！　こういうのが当時京城に在留している志士の叫びであったこうして、明治二十八（一八九五）年十月八日、閔妃殺害（乙未《いつび》の変）が、閔氏政権に反感を抱く朝鮮人守備隊や、日本人壮士によって、敢行されるのであるが、この時、再度、閔氏の権勢に対し忿懣遣る方無い大院君が利用されることになる。大院君は、予め、国政に関与せぬ事を承諾した上で、この暗殺劇に参加しており、閔妃が殺害されるや、一時、その地位を剥奪し、平民に落とすくらいであるから（その後、復位）、余程、閔氏及び閔妃に対する怨恨は深かったと察せられるのであって、だからこそ、日本にとっては利用価値が大であったのである。

この暗殺事件の中心人物は、特命全権公使・三浦梧楼であるが、渡韓を前にして、三浦は時の内閣総理大臣・伊藤博文に、朝鮮の在り方について問い質した。『明治天皇紀』では、「朝鮮国は我が国之を領有すべき

(8)

か、露国と折半すべきか、或いは、之を日露両国の中間に置くべきか[9]」と記されており、一方、『観樹将軍回顧録』では、「朝鮮は独立させるか、併呑するか、日露共同の支配にするか、此三策の内、政府の意見は何れに在るかを明示して貰いたい」と問うたところ、政府はその方針を示さないので、三浦は、「我軍は政府無方針の儘渡韓する以上は、臨機応変、自分で自由に遣るの外は無いと決心した[10]」と記されている。

　清国相手の戦争は大勝したにも拘らず、三国干渉を受け入れてからは、ロシアの勢力が韓廷に侵入し、「排日親露の情勢日に甚し」いことは、政府も十分承知しているのであるが、相手が清国よりも遥かに強大なロシアである以上、政府は隠忍自重せざるを得ない。ところが、「外交の事は一向知らん」と言う三浦梧楼は、何よりもまず、長州の奇兵隊出身の武人である。「王妃は国王の椅子の裏の襖を開け、其処から口を出して、国王に何角《なにか》を指図するので、実質上の朝鮮国王は此王妃だと謂《い》っても好い」という情況で、その上、「（ロシア）公使の細君が始終宮廷に出入して、王妃を操る」となっては、日本による朝鮮の改革など出来るはずも無し(11)。

三浦梧楼は、政府の朝鮮対策に関し、その方針が明瞭でないが故に、独自の判断で、日本が朝鮮国を統治するには、ロシア勢力の侵入の元兇と判断された、閔妃の暗殺を決行したのであるが、これは、後の張作霖謀殺や満州事変と同様、現地（出先）と本国政府との、現状に対する認識の違いを表していた。三浦としては、政府は明確な方針を示さなかったが、自分を公使に選んだという事は、恐らく親日から親露へと態度を変えた、右顧左眄的な韓廷を、再び日本に向けさせるには、武断的な処置を採る必要有りと踏んだからではないかという、彼なりの了解の下に、渡韓したのであろう。従って、その武断的な処置を採った、或いは、採らされた後は、政府は当然、その方向で、強硬外交にまで押し進めて行くのであろうと、三浦は期待していたのではないのか。

ところが、この報に接した政府は驚愕狼狽、緊急勅令まで発し、「本月八日の朝鮮国事変は、我が外交上重大の関係を有する」が故に、「官命に依る者の外、管轄地方庁の許可なくして、朝鮮国に渡航するを禁」じてしまったのである。「事件の影響する所の大なるべきを察せられ、頗る宸襟《しんきん》（天皇の心）を悩ましたまう」ほど、「東洋の平和を望まれる天皇もまた、この大事件を憂慮した⑿。

三浦を始め事件に関与した日本人には、退韓命令が下り、一時、広島で投獄されることになるが、こうした政府による処分を受け、三浦は、「青表紙（儒学関係の本）を読む者（軟弱なインテリ）は、無気力で大事に当たり共に談ずることが出来ぬ。今、正義の士が二三人もあれば、善後策が確立し、露西亜公使などが如何に抗議を持込んで来ても、顧（み）るに足らぬのだが……⒀」と、弱腰の政府を嘆いたが、こうした外征派による為政者に対する不満と慷慨は、今に始まった事ではない。

たとえば、例の征韓論が叫ばれた頃、外征派の一人、江藤新平は、西郷隆盛や板垣退助など朝鮮出兵を唱える者と共に、盛んに、当時の内閣のトップである三条実美に出兵を促すが、公家の三条にそのような勇断を求めても叶うはずもなし。この時、江藤は、「鍋取り公卿（公家に対する蔑称）抔《など》に、維新中興の大目的が判《わか》るものか。彼等に其勇断を強ゆるのは、比丘尼《びくに》（尼さん）に陽物《ようぶつ》（男根）を出せと云うようなものだ(14)」と、吐き捨てるように述べたとのことであるが、こうした平和志向の穏健派に対する江藤の嘲笑的な不平不満は、完全に、三浦梧楼と軌を一にしたものであり、このような外征志向の意識は断絶することなく、その後の日露戦争や満州事変へと連続するものであった（後述）。

出先機関の連中がとんでもないことを仕出かし、「今次発生せる閔妃事件は、我が政府従来採る所の政策に背戻《はいれい》せるのみならず、国際上異常の衝動を惹起せり(15)」と、平和志向の伊藤内閣は、平身低頭、ただ韓廷に対し謝罪するしかない。我が国民がこの事変に関与したのはまことに遺憾であるとの、聖旨まで用意して、特命全権公使・井上馨が特派され、実に、天皇から朝鮮国王に慰謝の品々を奉呈する始末であった。

かくして、朝鮮国に対する日本の関わり方は、「消極的にならざるを得なかった」のであるが、更に、この事変の翌年、有ろう事か、朝鮮国王がロシア公使館へ居を移し、この他国の公使館内で政務を執るという、前古未曽有の椿事が出来したのである(露館播遷《はせん》)。反閔氏勢力が日本の壮士と図って閔妃を殺害し、一旦は、親日的内閣を組織したが、閔氏側が放って置くはずもなし。宮中・府中に於ける反日分子がロシア公使ウェーバーと組んで、クーデターを決行し、その過程で、我が妃を殺害された国王が、ロシア兵による支援の下、世子と国璽《こくじ》(国家の印章）を携えて、ロシア公使館へと潜行。そして、この不可解な行動の言い訳は、「（親日派の）大臣等、日本兵と共謀し、密かに不軌（謀反）を謀り、闕（宮中）に入りて、国王を廃せんとするものの如く、危機躬《み》に迫るを以て、露館に播遷《はせん》して其の害を免れんとす[16]」であった。そして、公使館内に政府を置き、親日的要人は抹殺され、かくして、「京城に於ける日本の勢力は全く地を払い、露西亜国は俄かに其の勢力を加え、同国公使ウェーバーは一朝にして京城外交界の首位を占め、露西亜党を以て新内閣を組織せしめ、露国公使館は朝鮮国政の中枢を握るに至り、日本人顧問の多数は解雇せられ、日本式の軍隊は解散せられ[17]」るに至ったのである。

こうして、日本開闢以来の国民戦争によって、扶掖・誘掖したくて仕方無かった、つまりは、日本の勢力を植え付けて、清国に代わり我が日本の属邦としたかった朝鮮国は、その宗主国が清国からロシアに代わっただけで、これでは一体、何の為の国民戦争だったのか分からないという情況が、現出したのである。

然らば、今や朝鮮半島に蟠踞《ばんきょ》するロシア帝国の存在を、日本人はどのように把えていたのであろうか。このロシア帝国の現実的な意味を明白に表しているのが、明治二十四（一八九一）年五月に起きた、ロシア皇太子暗殺未遂事件、すなわち、大津（湖南）事件であった。

ロシアとの戦争を分析する前に、このロシアという国が、当時の日本人にとってどのように思われていたのか、一応、確認しておこう。

六　中間考察「ロシア観」

有ろう事か、大国ロシアの皇太子が、滋賀県大津にて、警備中の巡査・津田三蔵により斬りつけられ、額に傷を負うという、一大兇変が勃発し、天皇を始め時の内閣総理大臣・松方正義、内務大臣・西郷従道、外務大臣・青木周造は驚愕、日本国民も、このような無礼極まる不祥事を防ぐことができなかった日本に対して、ロシアが如何なる行動に出るかを思うと、戦慄が走り、震駭したのである。

そこで、この犯人をどのように処罰するかを巡り、かの有名な「護法の神様」、児島惟謙（大審院長）が登場するのである。

これ程までに国家を危殆に瀕せしむる大罪を犯したのであるから、当然、国の安全を第一に考える政府としては、犯人・津田三蔵を皇室罪を以て罰し、死刑に処すべきであるとし、宮中顧問官・伊藤博文などは、皇室罪適用が叶わぬのなら、戒厳令を発し、勅令を以てでも、国家の危機を救うべきだと主張した。

とにかく、強大国ロシアの「報復」が恐しくて仕方無いというのが、政府要人たち共通の心情であった。当時、法制局長官であった尾崎三良《さぶろう》は、この「一大難事」について述べている。要約すると次の如し。

「この事件が世間に伝わるや、朝野震駭、上も下も、恐怖の念に襲われた。露国は、欧州列強といえど此れに匹敵する国が無い程、その軍事力強大であるところへ、このような皇帝の跡継となられる方に対し、警官が危害を加えたとなっては、国交断絶に至るのではないだろうか。

そこで、皇太子に対する陳謝と御見舞の為、天皇自ら、午前六時三十分発の汽車にて新橋駅を発ち、京都に向かわれた[1]」

　政府としては、緊急勅令を発してでも、津田を死刑にして、皇太子が傷付けられて激高するロシアの怒気を少しでも鎮めようとするが、大審院長・児島惟謙は、我が国の刑法には、外国の皇族に対する傷害罪の規程は無いが故、これは、一般の謀殺未遂罪を以て裁かざるを得ずと、いわゆる、罪刑法定主義を主張し、「司法の独立を護った」と評されるのである。

　しかし、児島は、日本が諸外国から治外法権を強いられているのは、日本の法制度が確立していないからであって、ここで、被害者がロシアの皇太子だからと言って、恣意的に皇室罪を適用してしまうと、「やはり、日本は、まだまだ文化程度の低い、未開の国」であると、西欧諸国に劣等視されてしまう。だから、日本が文化的に未開の国ではないことを明白に示すためにも、いい加減な裁判はできぬという、確固たる信念が児島にはあったのである(2)。

即ち、児島には、文化面に於ける「対・西欧」の強い意識が窺えるのであるが、それはともかく、この事件は、当時、日本がロシアをどのように把えていたのかを、明確に表している。

津田を皇室罪で裁くこと叶わぬと知るや、あの西郷従道などは、自分は法律の事は解らぬが、津田を死刑に処することができないのなら、それは聖旨にも悖るし(つまり、天皇自身も死刑を望んでいたということである)、ロシアの艦隊が品川湾に殺到し、我が国は一発で微塵と化してしまうではないかと、皇室罪適用の不可を主張する児島を詰《なじ》った(3)。

西郷従道といえば、明治七年、たとえ自らが賊軍となるとも、台湾出兵を決行して、蛮族を退治せんと豪語した、薩摩の武人である。その武人・従道が、今、品川沖に停泊するロシアの軍艦からの砲撃を憂え、狼狷える程、ロシア帝国は強大で、恐るべき国家であった。

　更に、時の逓信大臣・後藤象二郎及び農商務大臣・陸奥宗光が宮中顧問官・伊藤博文に、津田を死刑にできぬのなら、「金員（金銭）を投じて刺客を雇い、犯人を殺し、病死と佯《いつわ》り、以て後患を除くべし。露国に於いては往往是れ等の事あり」などと、たとえ冗談にしても（恐らく本気であろうが）常軌を逸した提言をし、これには、さすがに、ロシアと衝突を避けたい伊藤も、「人に語るも愧《は》ずべし」と、一蹴したと記されている[4]。後藤・陸奥の人格を疑うというより、それ程までに、ロシアによる報復を恐れていたということである。

　大津事件が起こったのは、明治二十四年五月つまり日清戦争の前であって、日本人が自信と誇りを抱く大きな契機となった、日清戦争での大勝により、その後、対ロシア観も影響を受けたとも思われるが、それでも、「恐露病」は、まだまだ日本人の心で平癒することなく、ロシア相手の戦争など、極力、回避したいというのが、日本人の本心であったはずである。

たとえ、朝鮮に勢力を侵入させ、朝鮮から日本を駆逐せんとする、憎っくきロシアに対して、忿懣遣る方無い国家主義者が、数多くいたとはいえ、やはり、この北方の熊を退治するのは容易な事ではない。西欧列強による侵食を受け続ける老大国「眠れる獅子」とは比較にならぬくらい、ロシアが強大な一帝国であることは、誰の目にも明らかである。あの黒龍会の内田良平が、明治三十四(一九〇一)年、『露西亜亡国論』を出版し、対露主戦論を叫んだが、当局の忌諱《きき》に触れ、即日、発売禁止となり、書物は全て官憲に押収されている。一方、いずれ「大逆事件」で死刑の判決を下される幸徳秋水の『帝国主義』は、公刊を許され、版を重ねているのであるから、ロシア相手の戦争を主張することなど、とんでもない、危険極まり無き暴論であるという認識が、一般的であったと言えよう。

七　「国威発揚」⑤　――日露戦争――

ところが、実は、内田良平の問題の書が出版される前に、ロシア相手の戦争など以ての外だという思いに逆らうかの如く、日露の対立をどんどん激化させるような事件が起こった。いずれ、清国による八ヶ国（日本を含む）を相手とする戦争（北清事変）へと発展する、義和団の乱である。

この事件の一つの遠因は、日清戦争に於ける日本の勝利であって、大方の予想に反し、清国が日本に敗れたことにより、「眠れる獅子」の弱体性が白日の下に晒されてしまい、待ってましたとばかりに、西欧列強は清国に対して利権を貪り（日本もその中に含まれる）、清国は租借という名で各国に領土を提供し、必然的に、清国内に排外的な攘夷の意識が醸成・強化されるに至った。

日清戦争後に締結された下関条約から義和団の乱までに、列強が清国から得た租借地を挙げてみると、英国は威海衛・九竜（一八九八）、仏国は広州湾（一八九九）、独は膠州湾（一八九八）、ロシアは、日本に返還させた旅順・大連（一八九八）等がある。これだけ「洋夷（西欧の蛮人）」どもが侵入して来るのであるから、排外・攘夷の運動が起こるのも当然である。

清国人民が受ける災厄（旱魃等の自然災害を含めて）は、外夷の侵入によるものであるとの信仰の下、「外教（キリスト教）排斥、洋夷撲滅」を叫んで民衆が教会を焼き、キリスト教徒を殺戮し、外夷指導の下に建設された鉄道や停車場を破壊し、その勢い猖獗を極め、政府の手に負えない。

いや、義和団の敵は、清国を食い潰そうとする西欧列強（日本も含めて）であり、清国自身、これ等列強の侵食に喘いでいるのであるから、苦しめられている清国を助け、外夷を駆逐しなければならない。従って、義和団のスローガンは、「扶清滅洋」となり、清国を助けて西欧を滅ぼす、これが目標なのだから、清国にとっては、実は、まことに好都合な反乱だということになる。そこで清国は、この反乱を利用して、八ヶ国（フランス、イタリア、アメリカ、日本、ドイツ、イギリス、オーストリア・ハンガリー、ロシア）相手に、宣戦を布告したのである。

八ヶ国もの軍を相手に、清国が勝てるはずもなし。清国は敗戦後、屈辱的な、清国の滅亡を加速させる北京条約を結ぶのであるが、日本とロシアとの関係で大きな問題となるのは、周知の如く、ロシアが条約締結後も、満州から軍を撤兵させないという点であるが、日本にとって最大の危惧すべき事は、何よりも朝鮮へのロシアの侵入であった。

元帥・畑俊六は、満州事変から日中戦争、大東亜戦争、そして、未曽有の敗戦の歴史を振り返り、「罪業深き満州かな」と、如何に満州が、敗戦へと進んでしまう日本の歴史にとって、大きな意味を有したのかを述懐しているが（既述）、日清・日露戦争の場合、元帥に倣って、「罪業深き朝鮮かな」という表現が、正鵠を射たものなのである。

明治二十六（一八九三）年、即ち、日清が干戈を交える前年、熊本国権党の佐々《さっさ》友房は、京城で清国公使・袁世凱と対談している。

そこで、佐々が日清韓の三国を動物に喩えた場合、清国は象の如し、日本は虎の如し、そして朝鮮国は猫の如しであると、多少、遠慮気味に言ったところ、袁は、「否々、猫は性柔にして体小なりと雖も、尚、爪あり。能く自衛の術を知るなり。朝鮮は、尚、豚に似たり。蓋し、食うには宜しからん」と述べ、呵々大笑した(1)。

清国から派遣され朝鮮国に君臨してきた袁であるが、「此の国程、当てにならぬ国はなし」と言い、かつ、「恩には慣れて感ずる事を知らず、威には怖れて服する事を知らず」と評し、更に、貪欲さと来たら飽く事なし、怖れた時は逃げ、政府・国民とも頑固で狡猾で、おまけに遊惰であると、袁世凱は徹底的に朝鮮及び朝鮮人を酷評するのである。そのような「豚の如き国」であるにも拘らず、数百年もの間、清国の「正朔を奉ずる属邦」であるから、これを独立国と看做す日本とは、「感情的差異が生ずる(2)」のであると、袁世凱は日本を牽制した。

しかし、たとえ、袁世凱によって徹底的に貶された朝鮮国であるとはいえ、西力東漸の波濤の中、日本が独立を維持し発展を望むならば、朝鮮国の誘掖・扶掖つまり支配は、日本にとって最重要課題であると、参謀総長・大山巖は上奏したのである(3)。そこで、乾坤一擲、朝鮮国を属邦として日本の進出を許さぬ清国との間に干戈を交え、これを撃破し、明治維新に遡る征韓論を継承発展させて、その宗主国を駆逐したのであるが、この戦果が、ロシアによって奪い取られようとしているのである。

北清事変後、日本とロシアは協議を重ね、基本的には、日本は韓国に於ける日本の利益と、満州に於けるロシアの利益の相互承認を提案するが、ロシアは、韓国に於ける日本の優越的立場を認めるが、それは、「民政」に於いての事であって、韓国領土の一部たりとも「軍略上の目的」で使用することは認めぬという、日本の朝鮮支配を大きく制限するものであった。更にロシアは、「韓国領土ニシテ北韓三十九度以北ニ在ル部分ハ中立地帯ト見做シ両締約国ハ孰《いず》レモ之ニ軍隊ヲ引キ入レサルコトヲ相互ニ約スルコト」を要求して来たのである。即ち、平壌が北緯三十九度〇分に位置するから、平壌以北に日本の勢力を及ぼすことはならぬ、というのが、ロシア側の要求である(4)。

日本の朝鮮国に対する民政上の改革は認めるが、軍事的に利用することとならぬ、更に、平壌以北に立入る事を禁じるなどという要求を、日本が呑めるはずも無し。しかし、相手が大国ロシアであるから、そう簡単に喧嘩する訳にも行かない。ところが、ロシアであろうが無かろうが、皇国・日本に無礼を働くような国は容赦せぬと意気込む国権論者から見れば、「桂首相以下、何れも恐露病者と目せられ、殊に、枢密院議長・伊藤博文は非戦論の最大巨頭と睨まれていた(5)」のである。その国権論者の代表の如き、玄洋社の頭山満は、「日露戦争の時は、今日(昭和八年頃)、米国に対する以上に、政府の連中が露国を恐れて居った(6)」と、開戦前を振り返っているが、仮に、こうした「恐露病」が日本国内に蔓延しており、伊藤博文のような、とにかく対露戦争を回避したい平和主義者が、圧倒的に大勢を占めていれば、こんな恐ろしい強国を相手とした戦争など、起こり得なかったはずである。

然らば、大日本帝国に於ける万世一系の統治者であり、神聖不可侵なる天皇自身は、この露国相手の戦争を、どのように見ていたのだろうか。ロシアに対する宣戦布告は、明治三十七(一九〇四)年二月十日であるが、それに先立って、四日、伊藤を始め政府の首脳が、開戦の止む無き事情を上奏したところ、天皇は、「今回の戦は朕が志にあらず」と述べ、更に、「事万一蹉跌を生ぜば、朕、何を以てか祖宗に謝し、臣民に対するを得ん」と語を継ぎ、そして、「忽ち、涙潸々《さんさん》として下る(7)」と、報告されている。大日本帝国の元首が、この戦は自分の意志ではない、万一、負けた時、自分はどうやって皇祖皇宗及び国民に対し、謝罪すればよいのかと、心配で心配で仕方無い。その後、夜も眠れず、食事も喉を通らず、日に日に健康を害するに至ったと、記されているのである(8)。

これは、大日本帝国の統治者自身が、我が志にあらずと、涙を流して悔むような戦争なのであるが、恐らく、天皇としては、この大国ロシアとの戦争は回避できるものと、思っていたのではないだろうか。というのも、開戦の前年（明治三十六年）六月十三日、ロシアの陸軍大臣クロパトキン等十数名が日本に来航した折、参内して天皇に謁見しており、日本は彼らを国賓として、「殊遇」し、更に、クロパトキンに勲一等旭日桐花大綬章を、随員にも勲章を賜った(9)のであるから、これだけ「おもてなし」をして、親密な交流をした以上、双方とも戦争は望んでいないという印象を抱いたとして、不思議ではないからである。

ところが、以前には（明治二十九年）、日本と友好関係を演じつつ、一方では、秘密裏に、日本を共通の敵とする露清密約を結ぶような国であるから、この程度の「殊遇（おもてなし）」は、ロシアにとって大した意味も無く、「（ロシア）皇帝の命を奉じて我が形勢を視察し、且我が意向を探知せんとする(10)」ことが、訪問の主目的だったのであろう。

日露戦争時の内閣総理大臣は桂太郎であるが、開戦論の筆頭的存在とも言える玄洋社の頭山満が、開戦の意思を確かめんと桂に会った時の印象を、次のように述べている。

「桂は軍人であって、伊藤（博文）・井上（馨）の如き軟弱ではなかった。あれが伊藤や井上の内閣だったら、日露戦争は出来なかったろう(11)」


既述した如く、日露は協商を重ねたが、ロシアは日本による韓国(12)の軍略上の利用、及び、北緯三十九度以北の中立化を頑として主張し続け、満州は疎《おろ》か韓国までも領有せんとする意図明白であり、こうなっては、十年前、否、それ以上も前から、「清国膺懲」が叫ばれたように、今度は、「暴露膺懲」が叫ばれるのも自然であった。

「此時に当たって、我国民の憤慨は其極に達し、対露同志会の活躍は熱烈火の如きものが有った。国民は皆政府を腰抜けと罵り、軟弱外交を怒り、切歯扼腕して、口角火を噴くかと疑われた(13)」

時のロシア皇帝ニコライ二世が皇太子の折、大津にて津田三蔵の襲撃を受け、額に傷を負うという大事件が起こり、日本国民は大国ロシアの報復を恐れ、震駭したのは事実であるが、それは決して、ロシアに対する全面的平伏を意味したのではない。

そもそも、津田の皇太子に対する「謀殺未遂」事件の原因は何だったのか。彼は、犯行の動機を次のように供述している。

「露国皇太子は大逆無礼の御方」であって、その理由は、「我が日本天皇陛下に御対顔、御挨拶もなく、擅《ほしいまま》に鹿児島、大津」に来訪したことが、第一点(14)。

つまり、ロシア皇太子（及びギリシア皇子）一行は、軍艦七隻を率いて、まず、長崎に着き、その後、鹿児島に立ち寄り、神戸に上陸、そして、京都から滋賀を訪れ、大津にて津田の襲撃を受けたのであるが、津田は、訪日するなら、何故、真っ先に東京に来て、天皇に御挨拶せぬのかと、その無礼を憤ったのである。

そして、第二点は、ロシアの南下政策に対する警戒心と、軍艦七隻をも率いて来るその威圧的姿勢（これは清国も実行した事である）に対する反感であった(15)。

なるほど大津事件は、まだまだ国力・軍事力とも発展途上に在る日本にとっては、紛れも無く国民を驚愕・震駭させる大事件であったが、大日本帝国は、これによって萎縮してしまうような、そんな柔（やわ）な御国柄ではなかった。明治十五年、大院君の使嗾により暴民によって日本公使館が襲われた、壬午事変の折には、朝鮮国を属邦と見る清国に対し、「国民敵愾の気、昂張」させるし、その二年後の甲申政変の折にも、日本を頼る独立党の「三日天下」が潰され、再び、朝鮮国に於いて清国が力を拡大させるや、「朝野囂々として其の事を論じ、主戦の説亦盛に起」り、「清国膺懲の聲盛に起る」ような、そんな御国柄である――この大日本帝国は。

確かに、大津事件によって、一時は「恐露病」が蔓延する様相を呈したが、津田の犯行理由の一つ、即ち、日本を訪問しながら、天皇との会見を遊興の後回しにするが如き、「天皇に対する無礼」に関しては、共鳴・共感する国権論者も多かったはずである。然《さ》も無ければ、大国ロシア相手の戦争など、潜勢的なレヴェルで不可能である（思う事すらできぬ）。

北清事変の折、ロシアは満州に出兵し、事変が片付いた後も、撤兵しようとせず、居座り続け、朝鮮半島にまでその勢力を植え付けようとするのであるが、軍事力に於いて完全に日本など凌駕しているのだと、その傲岸な姿勢を崩さない。そのような雰囲気の中で、何と、大学教授が桂太郎に書を送り、日露開戦を主張するというような、今日では全く考えられない行動に出たのである。これが、かの有名な「七博士の建議」である。

「彼レ（ロシア）地歩ヲ満州ニ占ムレハ次ニ朝鮮ニ臨ムコト火ヲ睹《み》ルカ如ク　朝鮮已ニ其ノ勢力ニ服スレハ次ニ臨マントスル所問ハスシテ明カナリ、故ニ曰ク今日満州問題ヲ解決セサレハ朝鮮空シカルヘク　朝鮮空シケレハ　日本ノ防禦ハ得テ望ムヘカラス[16]」

東京帝国大学の教授が、このように、ロシア膺懲を叫ぶのであるから、軍人や民間の国権論者たちが、囂々と、政府に開戦を迫るのも当然である。たとえば、枢密顧問官・川村純義（元・薩摩藩士）は、上疏《じょうそ》して、日露の開戦を訴えたが、そこでは、満州・韓国に於けるロシアの傍若無人な挙動を非難し、日露協商に於いて示された、ロシアの日本に対する「翻弄侮辱」を憤り、「外交ニ確固タル定見ヲ欠キ国威ノ発揚スルノ政略ニ乏」しい政府を責め、日本に対しては、三国干渉によって遼東半島を清国に返還させながら、旅順・大連を租借するが如き、「極東ノ平和ヲ攪乱スルノ萠芽ハ既ニ顕然」である以上、「我帝国ノ権利ヲ保有センニハ断然干戈ニ訴ルヨリ外ナシ(17)」と、開戦を主張しているのである。

軍人だけではない。政府に「最後の決断」を迫る新聞（「時事」）や、「英断を促す決議を可決」する「時局問題懇親会」、政府に「対露強硬」

を声高に叫ぶ演説会も多く、全国青年同志者三万七千人の総代が、「ロシア征討の建白書」を桂総理大臣に提出したり、更に、神戸では、従軍志願の老人すら現わる程、国民は、十年前の清国相手の戦争の時と変わらぬ敵愾心を示したのである(18)。

大津事件の折、大国ロシアの皇太子を傷付けたということで、震え上がった国民ではあったが、傲岸不遜なるロシアが日本を愚弄するや、ロシア膺懲の声は国内に充満する。斯くの如く、大日本帝国の国民は、柔な国民ではない。

日本には、他国による支配や翻弄そして「辱《じょく》」に、決して耐えることのできない人種が存在していたのであって、その多くは、士族という名の元・武士であった(主戦論を叫ぶ軍人や、民間の国権論者たちの出自を見れば明らかである)。それもそのはず、幕末の尊皇攘夷運動に奔走し、徳川幕府を倒して明治政府を築いたのは、農・工・商の身分ではなく、主として武士や郷士に属する人たちであり、彼らは、何よりもまず、列強による日本の恫喝と、それに対する幕府の怯懦《きようだ》な姿勢に憤り、何者にも支配・統御されぬ、至上の価値実体である天皇を戴く国家を夢見て、幕府を倒し、明治新国家を築こうとしたのであって、そこには、「辱」を容認する精神的風土は無い。

清国相手の戦争でも、ロシア相手の戦争でも、対外強硬派の心の中には、他国からの侮辱を決して許さないという、牢固たる信念が存するのであって、これは、既に見たように、明治の初め、征韓論が叫ばれた頃の、列強による日本の「玩弄視」に対する猛然たる反発と、軌を一にしているのである。そして、武士の心に根付いた「辱」を嫌忌する激情は、この武士の築いた大日本帝国が崩壊する迄、消えることはなかったのである。

日本が勝利を収めることなど、誰も予想しなかったはずの、ロシア相手の戦争であったが、日本の勝利は、白人による支配に喘いでいる多くのアジア民族にとって、大きな驚嘆と歓喜を、そして日本に対する憧憬を生んだことは事実であるが（たとえば、既述したヴェトナムの潘佩珠のように）、西欧列強ならぬ同じアジアの異民族による支配に喘ぐ民族もまた、日本の勝利と新しい息吹によって衝撃を受け、日本に関心を抱き、日本から何かを得ようと渡日する者が多く見られた。清国からの留学生である。

彼らの多くは清朝の打倒を叫び、日本の東京で革命の組織を結成し、いずれ、新たな国家を形成するのであるが、この時、日本と中国が、八年もの間、泥沼化する戦争に突入することになるなどという事を、心に思い描いた者がいたのだろうか。

日本を「玩弄視」する西欧列強に対抗して、「白人国」の一つであるロシアを、日本は叩いた。そして、戦後の講和条約では、何よりも、日本が韓国に於いて、民政上のみならず、ロシアが認めようとはしなかった、軍事上の利益を有することが承認され、遼東半島の租借権が全面的にロシアから清国に還付されると約されているが、更に、租借権及び諸権利は、清国政府の承認を以て、日本に移転譲渡されると示されている。

清国との戦争に勝利することによって、一旦は、日本に割譲された遼東半島である。それを、ロシアに横取りされ、そして今度は、清国の承諾を以て日本に移転譲渡するというのであるから、当然、日本としては譲渡を清国に要請するはずである。然り、この年（明治三十八年）の十二月、満州に関する日清条約（いわゆる満州善後条約）が締結され、旅順口・大連の租借及び長春・旅順口間の、鉄道の譲渡等を、清国は承諾したのである(19)。これにより、日本は満州への勢力の扶植が可能となり、延いては、満州国建国へと繋がる突破口が開かれたのである。

ところで、幕末維新の初めより大陸への進出が叫ばれ、ロシアに勝利することにより、韓国・満州の扶掖・誘掖が現実味を帯びて来たのであるが、韓国に関しては、国王の「以夷制夷」外交が、日本による統合さらには併合を速めることになる。

日露関係が風雲急を告げるや、韓廷はロシアの優勢を確信していたが、日本が仁川沖の海戦で勝利を収めるや、韓廷は戦々恐々、日本に対し阿諛追従する変心振り。皇帝は特派大使の伊藤博文に対し、自らの行動の言い訳をせざるを得ない。

即ち、日清間の戦争や乙未《いつび》事変（閔妃殺害）の頃、政変が多発した故、自分は身の危険を感じ、一時、ロシアの公使館に播遷《はせん》することにした。ところが、秘かにロシアの動静を察し、ロシアが野心を有していることが分かり、公使館を去ったけれども、保護されていた恩があるので口にはしなかったが、ロシアの術中に陥らないようにしていたなどと、日本に対し苦しい弁解をすること頻りである(20)。

こうした韓国皇帝の首鼠両端・右顧左眄的な外交戦術が、明治四十(一九〇七)年七月の、ハーグ万国平和会議への密使事件を起こすこととなり、自らの退位と日本による併合を速めることになったのである。即ち、日韓協約によって外交権を失っていた韓国であるが、ハーグで開催されている平和会議に、皇帝は密使を遣わし、韓国の独立権の回復を訴えたが、既に外交権を失っている国である以上、相手にされず、この密使事件は失敗する。そこで、韓帝は責任を取って、皇太子に譲位することになり、三年後には、日本に併合されるのであるが、明治初年の征韓論は、略《ほぼ》、四十年の歳月を経て、朝鮮国を併合するに至るのである。

さて、そうなると、次の扶植地は、いよいよ、満州である。

八　「日中関係」――同床異夢――

『平家物語』では、平家打倒の策謀を巡らす『鹿谷（ししのたに）』という一場面が描かれている。

東山の麓、鹿の谷に俊寛僧都の山荘があるのだが、後白河法皇も「御幸」ある場で、酒宴の真最中に、新大納言成親卿が立ち上がった折、法皇の前にあった「瓶子《へいじ》（酒器）」を狩衣《かりぎぬ》の袖に引っ掛けて、倒してしまう。

法皇が「どうしたのだ」と問うと、成親は、「平氏《へいじ》が倒れました」と、当意即妙の返答をし、法皇は機嫌良く笑うという場面である。

この「鹿谷」を彷彿とさせる策謀を、清末の革命家たちが演じたのである。

「滅満興漢」の旗幟の下、中国革命家たちは革命の拠点を日本の東京に置き、日本の在野の志士たちの協力を得て、中国（革命）同盟会が結成されたのは、明治三十八（一九〇五）年の八月である。

民間の国士の代表格である内田良平は、孫文の「大アジア主義」（後述）に共鳴共感し、日中提携によって西力東漸に対抗せんと、革命家同志たちの結束を勧め、或る日、内田邸で協議せんと、中国各省の委員たちが集合し、その数、百余名。とても入り切れないので、庭先にまで溢れる程の盛況振りである。

委員の代表格である孫文と黄興が演説し、今後の活動方針を披露すると、出席者たちは熱狂して、小踊りする者もいる。内田邸は民家であるから、彼らの重みに耐え切れず、遂に、座敷の床が大きな音と共に、抜けてしまった。

その時、一同は驚きながらも、「吾等は既に清朝を踏み潰した」と、歓喜の声を上げたということである(1)が、これもまた、当意即妙の台詞であった。

座敷の床が抜け落ちてしまった内田邸から、衆議院議員・坂本金弥の別邸の大広間へ移動し、日中合作の清朝打倒策を練ったのだが、権力者の打倒を誓う場面では、こうした咄嗟のユーモアと、それを生む余裕が必要なのかも知れない。それにしても、この時期、中国の革命を志す者たちと、それを支援する日本の民間の志士たちとは、斯くまで、蜜月の時を共有していたのである。

日本の民間の国士と呼ばれる人たちが、中国革命に関して、日中提携や革命の展望について論じる際、孫文との「満州譲渡」の約束が語られることが多い。たとえば、内田良平は、孫文との初めての会見の折（明治三十一年初秋）、満州に関して孫文が次のように語ったと記している。

「もともと我々の革命は、滅満興漢を目的とするものだから、長城以外の地は不必要である。当然の結果として東三省（満州）は日本に与え、真の日支提携をして、東亜永遠の平和を招来したいと思う(2)」

この孫文による「満州譲渡論」は、革命支援派が革命に肩入れする、一つの大きな誘因であり、日本にとって都合の良い作り話などではない。

日本と孫文との間では、「満州買収計画」と称される取引も存したという記録もある。

一九一一年十月、武昌での起義から辛亥革命へと発展し、翌十二年二月十二日に、清朝最後の皇帝・溥儀が退位し、ここに、二百七十年近くも続いた清朝が滅びるが、ここで、折角、手にした大総統の地位を、孫文は、北方（北京）の袁世凱にお譲りしてしまう。革命派の資金不足だとか、もともと、その約束であっただとか、袁世凱も立派な一漢民族の人間であり、信頼に足る人物であるとか、色んな理由が挙げられているが、袁世凱は、間違い無く、一世の梟雄《きょうゆう》である。一総統に満足できる人物ではない。そこで、独裁体制（そして、次には帝位）を覬覦《きゆ》し、自らの目標にとって邪魔物を消しにかかり、その第一の犠牲者が、宋教仁という革命派の重鎮である。そこで、今更ながら、この世紀の梟雄の邪悪で背信的な意図に気付いた南方・革命派は、袁世凱許さぬと第二革命を起こすが、如何せん、金が無い。そこに付け込んだのかどうかは分からないが、東京の森恪（政友会）は南京の山田純三郎（孫文の支持者）に電報を送った。

「二個師団の武器と二千万円の現金を渡すから、満州を日本に譲渡せよとの交渉を、孫文氏となせ(3)」

山田は、この取引を孫文に持ち掛けると、孫文は盟友の黄興と相談した後、「宜しい、すぐそのことを進めてくれ」と言い、「満州買収」を承諾したという資料も、残されている。この計画は、「最後の土壇場で、政府(山本内閣)の反対で結局立消えに終った」と記されているが、問題は、革命の一立役者・孫文が、長城以北の満州と以南の中国本土とを別個に把えていたという点に在る。しかし、帝政移行を準備する袁世凱や、その袁世凱の突然の死(一九一六年六月)の後の、群雄割拠の現出を見た時、孫文には、満州を日本に譲るなどという大胆極まる約束をしたり、そうした言質を取られるような発言をするだけの、そんな資格や実力はなかったはずなのだが、それはともかく、日本の革命支持者たちにとって、孫文の「満州譲渡」の約束は、極めて重要な意味を有したのである。

内田良平を始め革命支持者たちは、中国革命が「滅満興漢」と並んで、「日中両国の同盟による欧州侵略勢力の排除とアジアの解放」を目指すものであると把え、ここに、西力東漸への対抗と、そのための日本の大陸進出との、一種の（日本にとって都合の良い）関連性を見たのである。西欧列強によるアジア侵攻を防遏《ぼうあつ》するには、朝鮮半島及び満蒙を日本の勢力範囲としなければならないのだが、アジア主義を標榜する孫文は、革命後、満州は日本に任せると約束してくれた。だから、革命を成功させることによって、欧州侵略勢力を相手とした日中提携を目指すことが可能となるはずである[4]。

ところが、この日中提携の夢を打ち砕いたのが、「南北妥協」（革命派と袁世凱との握手）であったと、内田良平は慨嘆する。

「……支那の革命派は革命其物の目的において絶対相容れざる袁世凱とほしいままに内通し、それによって彼等のいはゆる『起義』なるものが、四億同胞の利害休戚とは何の関はりもない、春秋・戦国時代以来の易姓革命と同一のものであることを示したばかりでなく、妥協の名目を日本の禍心に求め、排日の怨情を民衆に煽って日支紛争の発端を作ったのである(5)」

孫文が大総統の地位を袁世凱に譲り、南北妥協してしまっては、西力東漸に対抗する日中提携など有り得ない。何故なら、日本が朝鮮国を扶掖・誘掖し、朝鮮半島に進出するのを、数千の兵を率いて邪魔したのは、他ならぬ袁世凱その人であり、清朝と革命派の間に立って、双方がこれ以上啀《いが》み合わぬように樽俎《そんそ》折衝《せっしょう》し、清国皇帝を退位させることによって革命派を懐柔し（つまりは、機嫌を取り）、いずれは清朝に代わって自らが帝王となり、独裁政権を樹立せんことを覬覦するこの梟雄が、日本と組んで西力東漸に刃向かい、アジアの解放を目指すなど、全く有り得ないと、内田良平を始めとする革命支持者たちは確信していたからである。

内田は更に言う。

「自分は……支那に対して抱いた認識と期待が、凡て一片の幻影に過ぎなかったことを悟った。特に誤っていたことは、未だ曾て『国家の理想』というものさへ知らぬ彼等に対して、『アジアの解放』といふごとき崇高な人道的使命を分担させられるかのやうな錯覚を持ったことである……(6)」

こうして内田は、中国革命に対して大きな失望を抱くのであるが、そもそも、日本の革命支持者たちの（中国）革命当事者たちに対する期待が、自分たちにとって余りにも都合の良いものではなかったのだろうか。

確かに、中国（革命）同盟会は日本の東京で結成され、中国留学生たちは日本人から多大の支持を受け、起義が失敗すると日本に亡命して、衣食住まで一切、日本人に面倒を見てもらった、あの孫文などは、いわば、日本様様であることは事実なのだが、武昌の起義が成功して、早速、革命家たちを支援してきた頭山満や犬養毅が、旧知の孫文等を激励せんと、わざわざ、上海まで出掛けた折、こうした革命支持者たちの不安を他所に、また、何の相談も無く、南北の妥協はどんどん進行するのである。

武昌起義の際、革命派によって、無理矢理、革命軍の司令官に担がれたのが黎元洪であるが、この黎元洪に（医療福祉）同仁会の山口四郎が、袁世凱との妥協の不可を忠告したところ、革命派の連中から、「支那の内政に日本人の干渉は困る」とか、「日本人が支那の革命に同情し、革命を援助する為め大いに努力して呉れたのは感謝するが、革命という火事が済んでも、勝手に座敷に上がり込んで来たり、矢鱈に庭の中を歩き廻って庭石などを動かして居るのには閉口する(7)」という言葉が返って来た。

つまり、革命に対する支援は有難く受けるが、中国の内政に関して干渉するのはお断りしますと、釘を刺されたのである。日本で革命派の人たちを支援し、その生活の面倒まで見た頭山や犬養が、南北の妥協に不安を抱きながらも、上海を出航する際、中国側の人々は、「革命の恩人を送るに甚しく冷淡であった(8)」という報告もある。

しかし、中国人側には中国人側の見方があるのも当然である。

自身も日本に留学し、一年間、新潟の野砲兵連隊で軍隊生活を送った蔣介石は、辛亥革命時の日本人について、次のように述べている。

「当時の日本人の一部は誠意をもって革命党を支援したが、歴史的観点からみれば、その絶対多数の活動は中国にとってプラスだったとはいえない。いわゆる大陸浪人に代表される日本の民間右翼勢力は、……革命の混乱に乗じて、援助という名のもとに、中国国内に日本の勢力を扶植しようという意図をもっていた。……(9)」

明治政府の大きな国策の一つは国威発揚であり、大陸への勢力の扶植はその具体策であった。この国策に則って、琉球処分、征台の役、江華島事件、壬午事変、甲申政変を経た後の清国との戦争は、この国威発揚路線から生まれたのであって、それに続く露国との戦争の後、満州善後条約により日本が露国から旅順・大連の租借を移転譲渡され、いよいよ、満州へ本格的に勢力を伸ばさんとする時期に、この辛亥革命が起こったのである。そこで、革命成功の暁には満州は日本に委ねるなど と、革命派の首領格の人間が約束したこともあって、満州への勢力拡大のために、この革命を支援しようと大陸発展論者たちが思ったとして、何の不思議も無い。彼らは、中国・漢民族の幸福を願い、それを第一目標に掲げて、革命を支援したのではなく、何よりも、日本の大陸進出の為には有利であると判断したからこそ、精一杯、支援したのである。然も、日本にとって日中提携の最大の意義は、西力東漸への対抗であって、中国革命は、第一義的には、西欧列強からのアジア防衛を目標とするものでなければならない。

更に、この防衛にとって極めて重要な点を挙げるなら、アジア防衛連盟の盟主は、その実力と現状から見て、飽く迄も、大日本帝国であって、他の国が盟主になることなど、絶対、有り得ないのである。

こうした観点から把えた場合、日中提携を試みた両国の人たちは、未来を描く上で、「同床異夢」に陥っていたのではないかと思われる。「東京に留学した多数の支那青年は、学術研究よりも日本の短所の観察に、より多くの意を用ゆるという一種の癖を持っていた[10]」という報告もあり、また、「(日中)両国の和親は、唯だ束の間の現象たるに止まり、忽ちにして支那の方から和親を裏切るやうな行動を執るに至った、……(その)根本の原因は、支那の国際的環境によって養はれた民族的の猜疑心と、何時までも大国という誇りを抱いて他に臨もうとする民族的の尊大心が絡み合って、自ら行動を誤るに至ったのである」と、「支那側の裏切り[11]」に対する論難もあるが、無論、これは、革命を支援しているのに、支那側が、その支援に応えようとしないという、日本側の不満に基づいた非難ではある。しかし、日中の和親という観点から見るなら、支那側には、この和親に逆行するような、自己認識もしくは了解があるはずである。

たとえば、革命家・鄒容《すうよう》や陳天華のnational identity(民族的自己認識もしくは自己確認)の根底には、自分たち漢民族は古代伝説上の「黄帝の子孫」だという、揺るぎなき信念と矜持がある。

鄒容は言う。

この聖帝の子孫である漢民族は、今、異民族により支配されているが、本来、全地球に輝き、万国を慈み、五大陸を統治する資格を与えられた民族なのである。広大な土地に恵まれ、英明なる国民と五千年を越える歴史を有し、古代の理想政治も体験し、温暖なる自然、聡明なる人民、このような優れた国は他に無い。もし満州民族による侵入がなければ、今日、イギリスやロシア、ドイツ、フランスなど、我が中国を蚕食せんとしている国々は、皆、我が中国を恐れる程、中国は強大化していたはずである。インド、ポーランド、エジプト、トルコなどは、イギリスやロシアによって滅ぼされたが、中国が満州人の束縛から脱していれば、これらの国を滅亡させたのは中国であったことは、間違いないのである。それ程、この黄帝の子孫である漢民族の国は、本来、強大な力を持っているのである(12)。

更に、鄒容によると、アジアの黄色人種は、中国人種とシベリア人種の二種に分かれ、この中国人種は三民族に分かれて、その第一が漢民族であり、この漢民族こそ、「東亜の文化の指導的地位に立つ」民族であって、朝鮮・日本は、「漢民族が播植《はしょく》した(植え付けられた)もの」である(13)。

こうした「中華意識」は、陳天華も全く同じであって、たとえば、日本との比較に関し、彼は次のように論じている。

日本は三十年前、何事も中国と全て同様であったが（つまり、鎖国して文明的には停滞していた）、明治以来、変法（西欧文明の導入）によって、国勢隆々、日に日に上昇し、今日では、自国が他国に瓜分《かぶん》（国土分割）されないどころか、今や、中国を瓜分しようとするまで発展した。日本の人口や土地は、中国の十分の一にも及ばないのに、何故、ここまで強大な国になったのかといえば、それは、変法の御蔭である。もし中国が日本と同じように変法をしていれば、ちっぽけな日本など云うに及ばず、あのイギリスやロシア、アメリカ、ドイツの大国でも、中国を盟主と仰ぐこと間違い無しである(14)。

あの、ちっぽけな日本が西洋の長所を学んで、今日のように強大化できたのであるから、中国人も「恥を忍んで(15)」、変法に成功した日本で勉強せざるを得ないのである。

こうした「中華意識」が、日本人から見ると「民族的尊大心」と映るのであるが、日本を中国の下位に位置付ける日本観は、一年間、日本の軍隊で軍人教育を受けた蔣介石にも、見られるのである。

蔣介石は日本の明治維新に対しては、高い評価を下すが、「小国である日本が、このように強大になり得たのは、実は、王陽明の『致良知』および『即知即行』の哲学がもたらした結果である」と論じ、この王陽明の哲学によって、日本人は「大和魂」「武士道」を生み出し、これが日本の立国精神に繋がるものであったと結論する(16)。

「日本の武士道とは、このように日本固有の宝物ではなく、中国が彼らに盗み取られたものである。日本人はそれをもって日本の民族精神とし、それを用いてわれわれ中国の侵略をあえてしようとしたのである(17)」

日本は「文明開化」の国策の下、西欧から夥しい文物が流入するのであるが、蔣介石は、「日本人は、現代科学と鉄砲を除いて、すべて中国から学んだ。特に精神的のものは、中国のものから学んだのである。そして、中国から学び取ったものを以て、日本は中国を消滅しようとした。しかも、彼らの最大の武器は、西欧から学んだ有形の鉄砲というよりも、中国から得た無形の精神そのものなのであった(18)」と、日本攻撃の筆鋒は鋭い。

確かに、蔣介石によるこれらの日本及び日本人評は、満州事変が勃発し更に満州国が建国された後の、一九三二年の五月に表されたものであり、反日意識の高まりの中、過度の攻撃性が窺えなくもないのであるが、時を遡って、日清戦争後の「屈辱的」な下関条約に於いても、「中国には、初めて〝仇日〟の民意が生まれ」、日本は「日寇」（日本という名の外敵）として中国を侵略しているのであり、また、日清戦争での清国の敗北は、蔣介石にとって、この上無き「国辱」を意味したのであった(19)。

日支提携とアジア防衛を志向する日本人たちが、革命に燃える志士たちと一堂に会して、床が抜け落ち、「清朝滅びたり」と歓呼の声を上げたのは事実であるが、彼らは心の底から喜びを共有していたのであろうか。たとえ、表面的にはそう見えても、双方の民族観・国家観を探ってみれば、所詮、「同床異夢」ではなかったのかと思われる。

その根拠の一つは、蔣介石によって「中国の宝物を盗んだ」と酷評される、日本精神を信奉する者たちの描く、日本及び日本人観に見ることができる。

昭和天皇が皇太子の頃、東宮御学問所にて、足掛け七年に亘り倫理学を担当したのが、明治の初め、英国に留学して化学を研究した教育家、杉浦重剛（一八五五―一九二四、近江国・膳所藩出身の日本主義者）であるが、その第一回の御進講のテーマが、日本を正に日本たらしめる実体的価値、即ち、「三種の神器」であった。

杉浦は広範囲の分野に亘って人の道を説き、就中《なかんずく》、「帝王学の極地である一視同仁」を皇太子に力説したが、その神髄は、「西洋の帝王は、日本の将軍のようなもので、どう見ても覇者であるが、それに比し、日本の帝王は、王道の上に立たなければならぬ」という信念に窺うことができる。そして、この「王道の上に立つ帝王」こそが、日本の天皇なのである(20)。

西力東漸に対抗するには、アジア諸国を統合するしかなく、そのアジア連盟の盟主は、当然、日本であると揚言する者たちにとって、日本は皇国であり、日本国民は皇民であり、そして日本人が衷心より仰ぐのは、他国に見られるような覇者ではなく、王道に則って天の下を知ろしめす天皇であるという信念いや信仰を、アジアを侵食する西欧列強に対抗することを、日本の「使命」と信じる者たちは、堅持していたのである。

たとえば、アジア主義者の元祖とも言える荒尾精は、イギリスのビルマ侵略、フランスのヴェトナム侵略等、「白人種」の東亜侵略の波濤に晒された東亜を救うには、「天意に順《したが》う」より他に道は無しとし、この道こそ、「我帝国の天職」と論じている。朝鮮を救うのも、清国を救うのも、我が「皇国」の使命であって、皇国の使命は、畢竟、「宇内万邦をして永く皇祖皇宗の懿徳《いとく》（麗しき徳）を瞻仰《せんぎょう》（仰ぎ見る）せしめんと欲する(21)」と、荒尾は言う。

こうした、西力東漸とアジア防衛、そして、日本の使命に関する信念は、荒尾精を師と仰ぐ同郷（尾張国）の松井石根にも、そのまま、受け継がれているのであって、松井は、この信念もしくは信仰の下、日中戦争に携ったのである（後述）。

繰り返すが、畑俊六元帥は、日中戦争から大東亜戦争を振り返って、「罪業深き満州かな」と述懐したが、この日本と中国の同志と思われた志士たちの、「同床異夢」を探る上で、問題の満州に焦点を合わせてみよう。まずは、大きな勘違いから。

清末の日本留学組の一人で、日露戦争当時、東京に在住していた知日派の、曹汝霖の言葉。

「……彼ら兵士が出征する時は、どの家からもみな出て集団で歓送し、大きな旗に、栄光ある戦死、国のための犠牲、必勝を祈る等の字を書いて壮行激励、万歳を歓呼するので、兵士たちは勇躍して出征した。こんな悲壮な場面を、私は初めて見たのであるが、しかし、わが国が自分で領土を保衛することができないから、日本がわが国の領土を回復するために起って戦うという、この大義の精神と、善隣の友誼に、私は非常な慚愧と感激を覚え、今後も中日両国は提携合作して、もしまた侵略に遇うようなことがあれば、互いに共同して防衛し、親仁善隣の義を失わないようにしなければならないと考えた。私の親日観念は、その日露戦争を観て起こったものである(22)」

曹汝霖にとっては、まことに残念な事ではあるが、日本が、満州に居座り蟠踞《ばんきょ》するロシア兵を駆逐したのは、朝鮮国に垂涎《すいぜん》し、更には日本の独立と安全を脅かすロシアを叩くためであって、自力ではどうすることもできない中国のためではない。十万近い軍人の生命と二十億円にも及ぶ国帑と引き替えに、中国のために、満州からロシア兵を追い出したとなっては、納税者である国民が許すはずがない。それでなくても、一銭の賠償金も取れなかったことに対し、不平・不満を募らせた国民は暴動を起こし、戒厳令まで発令される始末。ロシア兵を駆逐した後、満州を中国に返還してあげるどころか、既述した如く、日本は、満州善後条約で、旅順・大連の租借権のロシアからの移転譲渡を、二十回にも及ぶ交渉の後、やっと、清国に認めさせ、更に、その十年後、第一次大戦の真最中に、今度はこの租借権を九十九年に延長させるなど、満州に対する支配権の確立に向かって、着実に歩を進めて行ったのであり、その先には、満州国の建国が控えていたのである。従って、曹汝霖の日本への感謝と期待は、完全な幻想に過ぎなかったのである。

日本は、斯くまで、朝鮮国に、そして次には満州に、拘り続けたのであるが、こうした国策を生む大きな前提了解が、西力東漸への対抗である。西力東漸とは西欧諸国によるアジア侵略であるが、ここで、この世界史的現実を突き付けられた時の、一日本人（即ちアジア人）の衝撃と、西欧白人諸国のアジア支配に対する義憤を、確認しておこう。

中野正剛（一八八六―一九四三、ジャーナリスト、衆議院議員）は、大正四(一九一五)年三月、欧州視察旅行の途次、「虐げられたアジア及びアジア人」の運命に襲撃を受けた。神戸港からフランス・マルセーユに至る迄、その通過する国々は皆、「亡国もしくは半亡国」であり、これらは全て、日本人と同じ有色人種の国であった。

上海、香港、シンガポール、マラッカからコロンボに至る間に、かつて、あの聖人と言われた孔子や釈迦を生んだ国の、民族の後裔が、車夫となり、車上で揚々とするのは、皆、白人である。日本人と同じ有色の民が、塵に塗れて車を引き、白人の客は胸を張り、車夫を睨み、荒々しく叱る。時に、灼熱の太陽の下、疲労の余り動きを緩めると、車上の客は足を揚げて蹴り、杖にて車夫を打つ。これが、奴隷でなくて何であろうか。

「彼らは何の罪ありて今のごとき末路に至るか。嗚呼《ああ》、彼ら真に罪なし、彼らの罪はただ弱かりしにあるのみ。……国として弱きは第一の罪なりと。彼らは実に弱きによりてここに至る。今日これを誰に向いて訴えん。ただ、東方帝国の一男児、窃《ひそ》かにこれを憐むのみ、……彼らの中の志ある者と談ずれば、彼らの間には我を慕い、我を学び、我を宗（主国）として起たんとするの気運……あるを知るべし……(23)」

西力東漸の波濤に翻弄される、アジア諸国の実情を目の当たりにし、衝撃を受けた中野は、「東方帝国の一男児」としての使命に燃え、「汎アジア主義の大道」を主張する。即ち、第一次大戦中の、いわゆる「火事泥主義」によって「シナなる対手国を狙う」が如き、「日本なる小天地に跼蹐《きよくせき》」する外交、つまりは、例の悪名高き「対華二十一ヶ条の要求」などを批判する(24)のであるが、いずれにしても、西欧の白人諸国家が強大な力に任せて、アジア弱小国家を隷属させ、日本人と同じアジアの有色人種が、その圧力に喘いでいるという現実を突き付けられ、中野は、「東方帝国の一男児」の自覚の下、日本の使命を痛感せざるを得なかったのである。

後に「満蒙独立運動」を画策したことで名を馳せた川島浪速《なにわ》も、明治十八年、清国に渡った折、そこで、アジア人の現実に出食すことになる。

「一週間目に船は上海に着いた。街を一通り見物したが、峨々《がが》たる高楼軒を並べた英仏等の居留地と、日本人が虹口《こうこう》辺りに貧弱なる生活をしておるのと比べると、何となく腹立たしく、今に見ておれという気分が腹の底から突き上げて来る(25)」

この『今に見ておれ』という強烈な思いが、「対・西欧」の根幹に存在したはずである。

幕末（文久二年）、幕府使節随行員として上海に渡航した高杉晋作が、目の当たりにしたのも、アジア人の現実であった。

上海は、広東や香港よりも繁盛しているが、繁盛しているのは外国人ばかりで、「支那人只外国人ニ使役セラル、而已《のみ》ナリ」と、高杉は清国の「亡国」もしくは「半亡国」状態を目にし、更に、長髪賊（太平天国の乱）に関して、次のように述べている。

長髪賊が上海に攻め入ったのに、支那人はこれを防御できず、遂に、英仏に対し、援兵を要請する始末。外国人に領土を奪われ、港の税金も外国人に奪い取られ、「実に廉恥地ヲ払ヒ言語ニ堪サルナリ(26)」

このような現実を突き付けられ、日本の憂国の士たちは、弥が上にも、アジアを侵略する西欧に対して義憤を抱き、西欧からのアジアの解放に燃えたのであるが、理念が天上から地上に降りて来ると、その身に歪みを被《こうむ》るのが、定説である。そして、この歪みは、日本が世界の五大国の一つへと上昇するにつれて、如実に表れることになるのである。

九　「東力西漸」①
――『出る杭は打たれる』に抗して――

明治維新当時、日本は西欧列強によって「玩弄視」されたのであるが、その場合、国力の差や文明度の懸隔から、西欧に刃向かうことなど思いも寄らず、只管《ひたすら》、強大国による頤使《いし》（あごで使われる）に甘んじるしかないと、諦める国民も存在したのであろうが、そのような従順な国民に収まるはずもない日本の士族（武士）たちは、『今に見ていろ』という反骨心や気概、或いは、『我は日本人なり』の矜持《きょうじ》に支えられ、一意専心、国威発揚の精神に燃え、海外雄飛を試み、清国やロシア相手の戦争に勝利し、近代国家としての地歩を築かんとしたのである。

何よりも平和を重んじる平和主義者にとっては、まことに残念な事ではあるが、幕末に結んだ不平等条約、とりわけ、治外法権や関税自主権に関して言えば、日本の国力充実と海外進出さらには戦争に勝利したことが、何よりもその改正に大きな効果を有したといえる。「……日露戦役の結果、欧米列強は皆我が国の国際上に於ける位置を認め、早く既に公使を陞《のぼ》せて大使と為すの議あり、……英国先ず之を行う……是より我が国、各強国と大使を交換すること前後相踵《つ》ぐ(1)」という現実も、戦争に勝利した効果の一つだったのである。

こうして「玩弄視」されていた日本は、第一次大戦後、世界の五大国の一つにまで上昇し、あの、西力東漸の大波に晒され侵食されたアジアに於ける、例外的な一主権国家として認められるに至ったが、この新興国の抬頭は、西欧列強にとっては実に目障りであり、且つ、利権回収路線を突走る中国にとっても、中国への進出を図る日本は、ますます、邪魔な存在と化するのであった。

日本は清国との戦争に勝利し、一旦は、遼東半島を手にしたものの、ロシア等の干渉により、これを清国に返還した。ところが、今度は、ロシアとの戦争に（一応）勝利したことにより、清国との間の満州善後条約を経て、満州での利権をロシアより移転譲渡されることになる。そして、第一次大戦中に結ばれた対華二十一箇条の要求等で、満州での権益を確保し、戦後のヴェルサイユ条約では、対独戦争の勝利による山東半島の利権を得るが、アヘン戦争（第一次、第二次）以来、散々、列強による蚕食に喘いで来た中国が、義和団の乱や辛亥革命を経て、いつ迄も黙ってはいない。いよいよ、ナショナリズムが吹き荒れ、ここに、「革命外交」なる国権回復運動が隆盛を極めることになるのである。

第一次大戦後、いわゆる国際的な相対的安定期を迎えるのであるが、平和志向の下、盛んに軍縮が叫ばれ、米大統領ハーディング提唱によるワシントン会議が開催される。明治維新以降、日本の国威発揚・海外雄飛を推進してきた国家主義者にとって、この会議は、正に、「パリにおいて英仏がドイツに課した犠牲を、ワシントンにおいて米国が日本に課したもの」であり、「ヴェルサイユ条約のアジア版[2]」を意味したのである。

『出る杭は打たれる』

日清・日露の戦争を通して出過ぎた日本が、このアジアの有色人種の国が、生意気にも、ヴェルサイユに乗り込んで来て、有ろう事か、「人種差別撤廃」などを叫ぶ。

国内に人種問題を抱えるアメリカや、多くの有色人種国を植民地化しているイギリスにとって、こんな運動は迷惑至極。そこで、まず、白人国家は、自分たちにとってまことに迷惑なこの運動は潰したのであるが、次に、日本の軍備（海軍）の縮小と中国進出に歯止めを掛けることを狙い、対英米比率六割を承認させ、日本がドイツから譲り受けた山東権益を全て放棄させるなどにより、『出過ぎた杭』が押さえ付けられることになったのである。ヴェルサイユに於いては、敗戦国ドイツが徹底的に叩かれたが、日本は第一次大戦の戦勝国であるにも拘らず、「恰も独逸に準ずる戦犯者のごとく被告の席に立たされ、且つ、裁判せられたのであった」と、切歯扼腕・悲憤慷慨する国家主義者たちも、この「相対的安定期」に流れる空気には勝てない。

「時代の風潮は徒らに協調外交を謳歌し、架空の平和思想に心酔する者多く、殊に戦勝の好景気に毒せられて天下の人は弛緩頽廃の状を帯び来り、重要なる外交問題に対しても、甚だしく冷淡であり、言論機関の如きも軽佻浮薄となって国民精神を誤らんとする風が歴然と顕はれ来ったた(3)」

平和主義、協調外交、軍縮、こうした思潮が一世を風靡し、平和とは最も無縁な存在である（と評された）軍人が、肩身の狭い思いをする時代が現出すると、当然、従来の国威発揚路線に対する批判が生まれ、海外進出は侵略であるとして、これを弾劾する論も現れ、「わが国の学者や評論家等の中には、臆面もなく旅順大連の放棄論を唱える者(4)」も出て来る始末である。そして、その論者の代表が、石橋湛山であった。

石橋湛山（一八八四―一九七三、評論家、政治家）による、日本の中国侵略批判は、実に、啓発的であり、且つ、先見の明に富む理論であると言えよう。

石橋は、第一次大戦で日本がドイツを山東半島から駆逐したが、「青《チン》島《タオ》は断じて領有すべからず」と述べ、その論拠として、ドイツが青島を租借し、山東を経営することで、東洋の平和が損われるから、山東半島からドイツを駆逐し、代わって、日本が山東半島に進出したとして、それによって極東の平和が増進されるかというに、答えは断じて否であり、却って、「舞台を険悪に置くの害ある(5)」だけであると説く。石橋の対外政策の原点が、「(日本は)アジア大陸に領土を拡張すべからず、満州も宜しく早きに迫《およ》んでこれを放棄すべし」である以上、日本のアジア進出は侵略として断罪されるのも当然である。

石橋は、第一次大戦中に於ける日本の中国進出を、「鬼の留守に、油揚を取ろう」とするものとして批判し、「侮蔑、恫喝、軽薄、無遠慮、不謹慎」という表現を用いて、中国の独立や希望を「破却、蹂躙」する日本の対支政策を断罪し、更に、いずれの日か、このような政策が招来するであろう「局面」を憂えるのである。現在、欧州列強は、大戦の最《さ》中《なか》、日本の為すがままにしておくであろうが、この戦争が終った時、日本の中国への侵略を看過するであろうか。中国に大きな利害を有するイギリスが、日本の「大跋扈」を許すであろうか。或いは、アメリカは、日本の中国への侵略に不快の念を抱くのではないのか。

かつて「世界」は、日本をして、極東で跳梁するロシアの頭を叩かせたが、日本が中国で勝手な行動を起こし続けるなら、いつの日か、今度は「世界」が「何国かをして、日本の頭を叩かせ」、日本が日清戦争以降「積み上げて来た一切の獲得物を、元も子もなく、取り上げる」のではないかと、将来を憂える石橋は、日本の対支外交を、「帝国百年の禍根を残すもの(6)」と把えるのである。

この、「日本の頭を叩く世界」や、「一切を取り上げる」の論述は、その後の日本の歩みを思えば、石橋湛山の慧眼《けいがん》に対し驚嘆せざるを得ないが、こうした日本の侵略に対する批判という観点から見れば、ワシントン会議は、戦争に拠らぬ、会議に依拠する、日本への制裁と言えよう。

国家主義者たちにとって、ワシントン会議は、ドイツを徹底的に叩いた「ヴェルサイユ会議のアジア版」を意味し、今度は、ドイツに代わって日本が徹底的に叩かれることになり、石橋にとっては、列強によることの仕打ちは、「いわぬ事ではない……態《ざま》を見ろ」と思われる程、予期した現実であった。

石橋から見れば、「日本の総ての禍根は、小欲に囚《とら》われ……志の小さいこと」に在る。だから、「朝鮮や台湾、支那、満州、またはシベリヤ、樺太等の少しばかりの土地や、財産に目をくれて、その保護やら取り込みに汲々とし、……世界大に、策動する余裕がない」のである。日本が進むべき唯一の道は、「何もかも棄てて掛る」ことであり、満州を棄て、山東を棄て……朝鮮に、台湾に自由を許すことが、「小欲」を去って「大欲」に生きる道である。

そうすると、その結果はどうなるかと言えば、英国も米国も、「非常の苦境に陥る」はずである。何故なら、日本がこのような「自由主義的な道徳」を表明すれば、世界の小弱国は日本を信頼し、そうなると、英米等の強大国は困るに違いないからである(7)。

石橋は「小欲」「大欲」を説き、自説に対して「空想呼ばわり」する者に対しては、キリスト教の「神の国」や「義」、そして、「身を棄ててこそ、浮ぶ瀬もあれ」の格言を持ち出し、更に、朝鮮や台湾の植民地経営の実質的効果や、「世界平和の道徳的盟主」等を説くのである(8)が、仮に、その後、日本が石橋の言う「大日本」ならぬ「小日本」志向の道を辿っていれば、確かに、石橋が心底憂える破滅に向かって進むことはなかったはずである。

蓋し、石橋の論理は、人間の行為の根底に道徳を置いているが故に、こんなものは空理・空論・机上論に過ぎないという反論もあるだろうが、それよりも、むしろ、たとえば朝鮮・満州の放棄を余りにも軽く主張することからも窺えるように、現実の人間の心を理解できないという意味で、皮相な論理と言えるのではないだろうか。

たとえ、国家主義者でなくても、朝鮮・満州の放棄など受け容れられないという者も、多数、見られるはずである。何故なら、朝鮮・満州の支配は、何よりも、日清・日露の国民戦争に於ける勝利によって手にしたものであり、この両戦争で、どれ程多くの生命が失われ、どれ程、莫大な国帑が費やされたかは、国民の知悉するところだからである。その、計り知れない犠牲を払って得たものを、「小欲」「大欲」等の道徳論を以て、手放すことができるであろうか。そのような「放棄論」は、貴重な生命を賭して異土で戦った人々に対する、冒瀆ではないかと、猛反発を食うはずである。

言う迄もなく、朝鮮・満州の支配そのものが反道徳的であったと論じることは、自由である。更に、近代日本の国策の一つであった国威発揚・海外雄飛路線を、侵略的帝国主義であるとして批判することも、無論、自由である。しかし、現実に新日本を建設した人たち、即ち、主として士族（元・武士）たちは、十九世紀後半の西力東漸という世界史的状況の下、自分たちのエートス（身に付いた精神態度）に基づき、この西欧列強のアジア侵食に対抗せんと、自らも、大陸への進出を志向したのであり、基本的に、この心の動きに歯止めを掛ける力は、どこにも存在しなかったのである。

石橋湛山は、朝鮮や満州・台湾への侵略を「小欲」の為すところとして、「小欲」を棄て「大欲」に就く道を説いたが、このような「説教」を、国威発揚に燃える士族たちに聞かせても、恐らく、何の意味も成さないであろう。せいぜい、「腰抜け」「小児病者」「女児輩」などという蔑称で片付けられるに過ぎない。しかし、彼ら国威発揚・海外雄飛に燃える士族たちは、確かに、西力東漸の波濤に立ち向かうことができる国は、アジアの盟主・日本以外に無しの信念の下、この連盟に加わり、盟主・日本と共に列強に刃向かうべき国として、朝鮮も中国も把えていたのであるが、この盟主を自認する日本が気付いていなかったのは、日本は西力東漸に立ち向かうことを揚言して来たが、実は、朝鮮・中国にとって日本の大陸進出は、いわば、東力西漸を意味したという事実である。そして、この東力西漸が如実に現れたのが、日中戦争であった。

十　「東力西漸」②
――日中戦争――

石橋湛山の言う「朝鮮・満州放棄論」など、一顧だに価せぬ空論であるとする国家主義者たちにとって、「ヴェルサイユ会議のアジア版」であるワシントン会議以降の、中国による排日政策は、到底、容認できるものではなく、明治以来、事有る毎に叫ばれた「暴支膺懲」が一大風潮となった。

日本軍の後援によって勢力を得たにも拘らず、征服欲は止《とど》まる所を知らず、いよいよ、中原逐鹿《ちゆうげんちくろく》（北京進出）に色気を出し、強大化するにつれて日本が邪魔になって来たのが、張作霖。そこで、この増長した張作霖を葬ることによって、満州で事を起こし、一気に満州の支配を確立せんと、昭和三（一九二八）年六月四日、河本大作が張作霖を爆殺。ところが、河本の思惑は完全に外れ、日本軍は出動せず。それどころか、この年の末、張作霖の息子・張学良は易幟《えきし》（蔣介石国民党への服属）を行い、かくして満州は、ますます日本の支配から遠去かり、張政権にとって邪魔物の日本を駆逐すべく、排日・侮日の風が満州に吹き荒れるのである。

これでは、貴い十万もの血を以て獲得した満州の利権が、完全に烏有に帰してしまうのであるが、仮に、日本人がこのような事態を、そのまま指を銜《くわ》えてただ眺めていただけなら、満州事変や満州国の建国、さらには日中戦争、そして大東亜戦争へと展開する歴史は無かったのである。ここで大きな意味を持つのが、例の畑俊六の言う「罪業深き満州」なのであった。

しかし、そもそも満州という一地域は、日本人によってどのように把握されていたのかという、「罪業深き満州」に関する根本的な問題を見ておく必要がある。

幣原喜重郎による平和・協調を根幹とした外交は、幣原外交と呼ばれ、一方、この幣原外交を攻撃したのが、東方会議で名を馳せた森恪であるが、両者の大陸政策の違いは、何よりも、満州をどのように位置付けるかに在る。即ち、「満州を支那の一部と見るか、支那本土とは区別した特殊地域と認めるか」を巡り、「幣原外交は、これを支那の一部と認め、森は、支那本土とは全然、本質を異にした特殊地域と認めた(1)」という点に、根本的な相違が在る。

孫文が、革命成就の暁には、満州は日本にお任せすると約束した如く、満州は、もともと、漢民族にとって、異民族の侵入を防ぐために設けられた長城の外の地であるから、当初は、孫文も、滅満興漢の旗幟の下、この「韃虜《だつりょ》」を「駆除」した後、中華民国は漢民族によって形成され、満州民族は古巣の満州へ戻るはずだと思念していたのである。従って、大して重要でもない満州など、日本に譲るから、その代わり、革命を支援して下さいという相談を、日本側に持ち掛けたのである。然らば、そのような歴史的性格を有する満州を開拓する資格が、日本にあるのだろうか。

大陸進出こそ、日本が独立を維持し発展を目指すための、基本的国策であると説く者は、当然、満州は歴史的に見て、中国人とりわけその主民族である漢民族の領土ではなく、満州民族が入関して清国を建国（一六四四年）して以来、たとえ、満州民族発祥の聖地として、入植を禁じられていたとはいえ、結局は、未開拓の荒蕪地《こうぶち》として、見捨てられたのも同然の地であったことから、日本がそこに人的・物的資源を投入して開拓し、満州を豊穣な大地として発展させることに、何の問題も無しと論じる。

一方、幣原喜重郎や石橋湛山のように、「和平」を重んじる人たちにとっては、このような満州進出擁護論は、容認できるはずもなし。

ここで、一応、進出を弁護する研究者の論を、検討してみることにしよう。


中村粲《あきら》氏は、大東亜戦争を冷静な目で見つめ直そうとする、該博な史家であり、豊富な史料を駆使された精緻な論理展開には、心から敬服するのであるが、日本の満州進出を是とする氏の論拠は、畢竟、孫文の満州観に起因する。

即ち、まず孫文は、満州を中国の領土とは認めていないし、また、中国革命の指導者たちも、満州を自分たちの祖国の一部とは看做していない。彼ら革命家たちが倒そうとした清朝は、漢族、蒙古族、回族、チベット族をその版図に入れて支配していたが、滅満興漢を主張する彼ら革命家たちが、満州民族からの独立を目指すのであれば、これら他民族の満州民族からの独立も主張するのが当然であった。ところが、孫文は、漢民族の満州民族からの独立を訴えながら、辛亥革命の際、他民族の独立は認めず、清朝の全版図は漢民族の新版図であると主張した。つまり、満蒙回蔵の四族にとっては、支配者が満州民族から漢民族に代わっただけであって、結局、漢民族が清朝の全財産を継承したに過ぎず、ここに、「辛亥革命の欺瞞」があると、氏は推論されるのである⑵。

そして、氏は、後のチベット独立問題や新疆ウィグル問題は、この「辛亥革命の欺瞞」に起因すると論じられるのであるが、日本による満州進出に関する氏の結論は、次の通り。

「……辛亥革命で中国に於ける勢力を失墜した満州民族が、自らの故地たる満州で独立国家を建設せんと願うのは当然ではなかろうか。そして満州に利害の深い日本がそれを援助するのは、ロシアが外蒙を、英国がチベットを後援するのとどれ程違うだろうか。満州独立をめぐる日華の争いも、詰る所、満州民族の故地まで己れの領土であるとした中国の野心――あるいは大いなる錯覚――が出発点となっている。満州事変や満州独立を日本の侵略と呼ぶ前に、清朝を否認しながら清朝の遺産相続人たらんとした中国の欺瞞と支配欲が、全ての紛乱の起因たることを深思すべきであろう(3)」

これが、日本による満州進出に対する、精一杯の弁明である。即ち、清朝を否認しておきながら、その清朝の遺産をそっくりそのまま相続するという、民族の独立を謳ったはずの辛亥革命の欺瞞性を指摘することによって、「中国に、日本の侵略性を、とやかく非難する資格無し」と、中村氏は論じるのであるが、これでは、民族の独立を踏み潰した中国の覇権主義を弾劾することはできても、やはり、日本の満州進出の正当性を主張したことにはならない。満州が歴史的に見て、漢民族の領土でなかったことは論証できたとしても、だから、日本には満州に進出する資格があることにはならない。畢竟、どのような形で弁護するにせよ、日本の満州進出は擁護論に尽きるのであって、中村氏の立論が妥当性を持つには、革命によって中国（長城以南）を追われた満州民族が、その故地である満州（東北三省もしくは四省）に帰り、民族独自の国家建設を成し遂げ、日本は、その独立国家・満州国の発展に、国家的野望からではなく、只管《ひたすら》、満州民族自身の康寧を願って、寄与貢献したのだということが、論証されなければならない。

しかし、後の極東国際軍事裁判（東京裁判）に於ける、満州国皇帝・

溥儀による自らの傀儡性の主張（無論、そこに、自己弁護の目的も認められるにせよ）を俟たずとも、日本が、革命によって支配民族から突き落とされた満州民族、及び、その最後の皇帝のために、わざわざ、膨大な国帑を費して、新たな国家を建設してあげるなど、有り得ない。当然、日本の国益のために建国したのであって、これは、既述したように、北清事変の後、日本が満州に蟠踞するロシア軍を追い払った事を、曹汝霖は感謝したが、それは中国のためではなく、日本の国益のためであったのと、全く同じである。国家とは、本質的に、そのような利他的慈善団体ではない。

ところが、満州は漢民族の領域外の地であるから、日本の満州進出は、孫文始め革命家たちの黙認するところであるとか、或いは、逆に、漢民族が支配した歴史はないが、日本が支配することは国際法上、認められるものではないなど、様々な論議に対しては、全く我関せずで、現場の軍人たちは、日本による満州の支配・統治に邁進したのである。

一馬賊から中原に鹿を逐うまでの勢力家となった張作霖が、もはや、日本の言う事などには耳を貸さぬ程増長し、こんな恩知らずな男は、日本の満州支配の邪魔者であると、河本大作は彼を爆殺したが、今度は、その息子・張学良が、父親を殺害した日本に背を向け、易幟《えきし》を行って、国民政府に服従する始末。満州から日本の勢力を駆逐せんとして、排日・侮日の風を吹かせ、多くの分野で、日本との衝突が繰り返される。日本との係争が三百件に昇るほど、満州に於ける日本の統治は破綻を来すが、こうした現状に疎い本国の政治家や軍中央部を「腰抜け」と呼ぶ、現地の軍人たちが、満州国建国を目指し、本国の政府や軍の中枢とは別個に、日本による満州統治の推進に向けて起こした行動が、満州事変である。

ワシントン会議以降の国際的な相対的安定期、平和主義、協調外交、民主（本）主義、更には、日本の国体（天皇を絶対的価値実体とする国家体制）が危殆に瀕する如き思想、すなわち社会主義及び共産主義の瀰《び》漫《まん》(4)。そして、有ろう事か、皇太子が無政府主義者（難波大助）に狙撃されるなどという、皇国日本開闢《かいびやく》以来、絶対許すべからざる事件（虎ノ門事件）が起こる。それ程までに腐敗堕落した日本の再建を目指して、民間の国家主義者や、いわゆる右翼たちとの連繋の下、国家改造と満州の支配を狙って、柳条湖事件が起こされたのである。

　こうした国内改造及び満州事変の中心人物の一人が、陸軍大佐・橋本欣五郎であるが、橋本が残した『手記』には、ただただ「自己保身に現《うつつ》を抜かす」軍中央とは全く意思疎通を欠いた、いや、軍中央そのものの存在を否定するが如き、現地・関東軍の独断専行が明示されている。とにかく、参謀本部が関東軍の行動を制止すべき命令を出しても、「軍は一定の任務に基き行動せるものなり、一々参謀本部の指令を受くるに及ばず(5)」という、宛《さなが》ら、謀叛のような電報を打って返すくらいであるから、満州に於ける謀略は、完全に中央無視でどんどん進められたのである。

柳条湖事件が起こっても、軍中央は「右往左往、何等満州に対する処置に於て、一定の大方針を決する事なく、関東軍を制止するに汲々(6)」たる始末。

既述した如く、ワシントン会議はヴェルサイユ会議のアジア版であって、敗戦国ドイツの次には日本が英米に叩かれ、日清日露の国民戦争によって手にした利権が、どんどん奪い返され、中国の革命外交によって排日・侮日の風が吹き荒れ、維新以来、営々として築き上げて来た日本の国際的地位が完全に下落し、世界に冠たる国体すら危殆に瀕している。こうして、沈淪・衰退の淵に在る皇国・日本を覚醒させ、再び光輝燦然たる皇国を蘇らせるには、先ずは、国防の生命線である満州を完全に支配統治すべしという確信の下、国家改造と国威発揚を願って事変を惹起せしめ、そして、満州国の建国へと邁進したのである。

ところで、保守退嬰的な政府や軍中央を「腰抜け」と罵倒し、只管、国威発揚・海外雄飛を志向する意識は、昭和初期に生まれたのではない。時を遡れば、明治四年十一月、琉球島民六十九名の台湾への漂着の折、五十四名が生蕃によって虐殺された報を受けた鹿児島県令・大山綱良が、昂然として征台を主張したが、政府の「苟安《こうあん》を主とする一派」によって、「皇威を海外に張る」こと叶わず、問罪の師を興す大山の試みは潰えたが、彼もまた、国威発揚の好機到来に燃えたのであった。

更に、いわゆる征韓論盛んなりし頃、西郷隆盛は、自ら殺害されることを以て大義名分となし、朝鮮出兵に奔走したが、「血を見る事」を極力回避せんとし、「ただ目前の苟安を謀るのみ」の「商法支配所」に過ぎぬ腰抜け政府によって、国威発揚の野望が頓挫するが、西郷の意志を継ぐ井上良馨が、「最早、口舌の為す所に非ず」と、武力的挑発を用いて、朝鮮国を開国せしめる。斯くして、朝鮮国を始めとする大陸進出は、「苟且偸安《こうしょとうあん》」を事とする中央の意図に逆らって、敢行されたのである。

この朝鮮国への挑発の前年、征韓に代わる形で征台が為されたが、この時も、西郷従道は、長州出身の三浦梧楼による忖度はともかく、「たとえ賊臣となろうとも」の覚悟をもって、出兵を決行したのであるが、この、明治維新以来、最初の海外出兵は、新生日本の国策の一つである国威発揚が、国際情勢を右顧左眄的に伺う為政者たちの不安を他所に、抑止され得ない「力」であったことの証左であった。

この「力」は、幕末、西欧列強が開国を求めて日本を恫喝した頃から芽生え、否、二百数十年もの鎖国の間には眠り続けていたが、機に応じて目覚め、開国した日本を「玩弄視」する西欧に対しては、『今に見ていろ』という気概に支えられ、たとえ、世が、国家の名誉や栄光よりも、『長い物には巻かれよ』の教訓に従い、西欧に対して迎合的で、平穏無事な生活を重んじる様相を呈していても、日本社会の底流で、決して消滅することなく、生き続けて来たのである。そして、この「力」が、満州に於いてその身を顕にし、「惰眠」を貪っていた国民に、覚醒を叫んだのである。

日本軍は、奉天郊外の柳条湖で、満鉄線路を爆破し、これを、張学良軍によるものと口実を設けて、軍事行動を起こし、何と、勅令を俟たずに、朝鮮軍司令官・林銑十郎中将が独断越境。ところが、「陛下より、此度は致し方なきも、将来、十分注意せよとの御諚あって允許《いんきょ》(7)」されるのであって、謂わば、天皇による追認である。こうなれば、もう、騎虎の勢い。事変の首謀者である石原莞爾や板垣征四郎の思惑通り、翌年三月には、満州国という新国家が建国されるのである。日本は九月十五日、満州国を承認するが、日本国の元首・統治者である天皇は、日本軍が中国本土に対してだけは、手を出してほしくないと願う。ところが、そんな天皇の憂慮など何処吹く風とばかり、日本軍は満州国の遼寧省に隣接する熱河省に垂涎《すいぜん》。しかし、ここでも天皇は、この熱河作戦を追認してしまう。

「熱河戦は止むを得ざるべきも、万里の長城を超て、関内に進入することなき条件にて、允許する(8)」

日清・日露の戦争の折、明治天皇は、「この戦争は不本意である」とホンネを漏らしたり、負けたらどうしようと、不安で不安で涙を「潸々と下」したり、食事も喉も通らず、夜も眠れずなど、元来は「四海静謐《せいひつ》」を心から願う人物であったが、昭和天皇、また然り。昭和三年六月四日の「満州某重大事件」(張作霖爆殺)以降、柳条湖爆破事件、朝鮮軍の越境、錦州に拠点を置く張学良軍に対する爆撃、そして熱河作戦と、天皇の不安は募る一方である。現地軍の勝手な軍事行動は致し方無く追認してきたが、中国本土に進入することだけは、認めることはできない。だから、「熱河作戦の結果、万里の長城を超ゆることは絶対に慎むべき注意し、之を聴かざれば熱河中止を参謀総長に伝へよ(9)」と、侍従武官長・奈良武次に命じたのである。

しかし、「大日本帝国ハ万世一系ノ天皇之ヲ統治ス」とか、「天皇ハ陸海軍ヲ統帥ス」などと、神聖なる天皇を国家元首に祭り上げているとはいえ、天皇は絶対君主でもなければ、専制君主でもない。為政者たちの決定事項に、ただ、御名御璽の形を与えるだけの、立憲君主である。幕末、「玉《ぎょく》」（天子様）を手にすることの決定的重要性を確信していた木戸孝允は、「叡慮の処は如何様共相成候事」と、つまり、天皇の意はどうにでもなるのだと、天皇を担ぎ出す作戦の裏側を吐露したが、この原理は、その後も生き続けるのであって、日本軍の中国への進出に対する天皇の不安と憂慮を他所に、満州国を建国した後も、日本軍は如何なる掣肘をも嘲笑するかの如く、熱河省は疎か長城を越えて河北省まで進軍し、「河北省の満州国化」（蔣介石の言）を狙う様相を呈するのである。

塘沽《タンクー》協定（一九三三年五月三十一日）により、満州事変の一応の停戦協定が結ばれたものの、満州国なる「傀儡国家」を勝手に造り上げた日本軍の行動を、中国から日本軍を追い出したくて仕方無い中国側軍人が、黙って見逃すはずもなし。当然、満州国近辺で日中の衝突が起こるが、満州国に隣接する河北省から、中国国民党の組織や憲兵隊及び中央直系の軍を撤退させ、日中両軍が衝突せぬように、ここに緩衝地帯を設けたい日本は、昭和十(一九三五)年、梅津・何応欽協定や、それに続く、土肥原・秦徳純協定によって、非武装地区の設定や、排日・侮日行為の取締りを定めたのであるが、無論、中国側が積極的に合意したわけではない。恐らく、「熱河作戦で関東軍の実力をしみじみ知った中国側が、もし協定に応ぜず、その結果、関東軍に北京、天津を占領されるようになっては、大変だという心配から、涙をのんで承諾した(10)」のであろう。

万里の長城以北でも、日本軍が勝手な国造りをやり、今度は、河北省という紛れも無き中国本土に於いて、政府の組織や中央軍の配置に関してまで指図するなど、蒋介石にとっては、これ程、誇りと自尊心を傷付けられた協定は無かったはずであるが、この時期、まだ、謂わゆる「安内攘外」の姿勢を保っていたのである。敵は、先ず、中国共産党であった。

十一　「東力西漸」③　――その終焉――

先ずは、共産党との戦いに勝利を得、それから、外敵を打ち払うという「安内攘外」の方針を大きく転換させたのが、昭和十一（一九三六）年十二月に起こった西安事件である。

対共産党軍の戦いが思わしくないので、蔣介石が、東北軍を指揮する張学良を督戦《とくせん》するため西安を訪れたところ、有ろう事か、東北軍に監禁され、内戦を停止して国共合作し、日本軍と戦うことを約束させられるという、衝撃的な事件が発生。そして、これが、日中全面戦争を招来する、大きな転機となったのである。

この西安事件に関しては、明らかにされていない事が多く、『蔣介石秘録』でも、無論、蒋介石は、国民党委員長の沽券に関わるような事は、述べてはいない。かくも無礼な仕打ちに激怒する蒋介石が、この無礼者たちの要求を受け入れたのは、南京から駆け付けた妻・宋美齢や、「大局を動かすことのできる有力者」（周恩来と言われている）、更には、ソ連に留学中の長男・蒋経国の存在（スターリンの人質という説もある）、そして、中国共産党の重鎮である宋慶齢（故・孫文夫人、宋美齢の姉）の関与等が論じられているが、いずれにせよ、この事件によって第二次国共合作が成立し、翌年七月の、今なお謎とされる最初の銃撃に始まる盧溝橋事件、そして、日中衝突の国際化を狙い、「蒋介石が主導的に導いた[1]」とされる、八月の第二次上海事変、更に、十二月の南京事変へと戦線は拡大し、その後、八年にも及ぶ日中戦争へと展開するのである。

明治三十八（一九〇五）年八月、内田良平邸に集まった日中の同志たちが、床を陥落させる程の盛況の中、「清朝崩壊せり」と鬨《とき》の声を上げ、日本の東京で、「中国（革命）同盟会」が成立したのであるが、あの時の同志たちの心の高まりは、いったい、何であったのかと、八年にも及ぶ日中両国民の血みどろの闘いに、憾悔の念を抱かざるを得ない。

西力東漸に対抗して「大東亜主義」を標榜する松井石根（一八七八―一九四八、「南京事件」の責任を問われ、A級戦犯として死刑）は、欧米のアジア侵食に刃向かわんと日中提携を訴え続けたが、その日中提携論者である松井が、軍司令官となって、上海そして南京を陥落させ、実に、日中戦争初期に於いて、武勲赫々。このような歴史の皮肉は、何を物語っているのであろうか。

「アジアの再建と秩序化は日本の天職なのであり、そのために、日支提携は大前提なのであるが、蔣介石を首脳とする中華民国は、自己の政治的野望と欧米の魔手に陥り、世界の大局的政策を忘れて、ひたすら支那自身の興隆に専念し、却って、数十年来、唇歯輔車の兄弟たる日本帝国を敵視して、欧米の庇護に縋らんとするの状勢に陥りしは、洵《まこと》に痛歎を禁ぜらるところなり(2)」

松井(そして、日本のアジア主義者たち)にとって、十九世紀は西欧列強によるアジア侵略の歴史であって、アジア復興のためには、同じアジア人である日本と中国が提携して、この西力東漸に立ち向かわなければならない。歴史的に見ても、日本と中国は兄弟の仲であって、この兄弟が助け合わなければ、列強に勝つことはできぬ。ところが、この根本的な大前提を忘却して、中国国民党は、その戦うべき相手であるはずの西欧に縋り、被侵略者としてのアジア人の自覚を失っている。

そこで、松井は言う、「抑《そもそ》も、日支両国の闘争は、……『亜細亜の一家内に於ける兄弟喧嘩』にして、……恰も、一家内の兄が忍びに忍び抜いても猶且つ乱暴を止めざる弟を打擲《ちょうちゃく》するに均しく、……之を悪《にく》むが為にあらず、可愛さ余って反省を促す手段たるべきことは、余の年来の信念である⑶」と。

「兄弟喧嘩」（日本が兄）、「乱暴な弟」（中国）、「打擲」「反省」等の言葉に対して、日本軍と戦っている中国人たちは、恐らく、一顧だに価せぬ妄言として一蹴すること間違い無しであろうが、それはともかく、そもそも、「日支提携による西力東漸への対抗」などという思想もしくは観念が、中国人の心に存在したのであろうか。

革命の暁には、満州は日本にお任せすると、満州譲渡を約した孫文は、「大アジア主義者」であると言われてはいるが、今、現に目の前にあるものを利用するタイプの人間である孫文は、ロシア革命後、この革命ロシアに急接近。日本の政府が、中国のどの勢力と組むのが国益に叶うかと迷っている時、孫文は、日本を見限り「連ソ容共」、完全に革命ロシアの方を向いてしまう。それは、ロシアが、「念願の資金的、軍事的支援を、日本のように口だけでなく、実際に実行してくれ(4)」るからであり、現に利用できるものは何でも利用する孫文は、こうして、どんどん、ロシアに惹き付けられて行くのである。

孫文の最後の訪日の折(一九二四年十一月)、神戸でかの有名な「大アジア主義」の講演を行い、そこで、日本の学校教育に於いて特に好まれている、例の日本に対する「覇道」について警告をした後、孫文は、「王道」や「仁義道徳」を揚言するのである。この「王道」を実践している(と孫文が信じる)革命ロシアについての歴史的評価は別として、「ソヴィエト・ロシアはヨーロッパ被圧迫人民の救世主である(5)」と確信する孫文と、世界の赤化を狙う革命ロシアのアジア侵食を警戒する、日本の「アジア主義者」たちが、手を組めるはずがない。

更に孫文は、この最後の講演に於いて、「中華」を誇示し、過去の中国の強大性を謳い、周辺の弱小民族・国家が、「中国を敬って宗主国とし、中国へ朝貢することを望み、中国が彼らを藩属にすることを望み、中国へ朝貢できることを光栄とし、朝貢できないことを恥辱としていた」と述べて、中国の歴史的栄光を讃美し、「中国は完全に王道をもって彼らを感化し、彼らは中国の徳を慕い、心から願って自ら朝貢したのでありますⅵ」と、中国の歴史と文化に対する礼讃を極めるのであるが、これは、既に見た革命家、鄒容や陳天華の漢民族至上主義と同じである。こうした、黄帝の子孫・漢民族本位の歴史観、国家観と、日本をアジアの盟主とする日支提携論が、仲良く手を組める事など有り得ない。松井石根は、日中の争いは「兄弟喧嘩」であると言ったが、これ程、両者の自己把握に扞格《かんかく》があると、「兄弟《けいてい》」が「牆《かき》に鬩《せめ》ぐ」のも、何の不思議も無い。

蔣介石は、日清戦争に関して、次のように述べている。

「中国国内に於いても、この（戦後の）馬関条約に憤慨しない者はなく、李鴻章は国を売ったと罵られるほどであった。ここにおいて、中国には、はじめて〝仇日〟の民意が生まれた(7)」

「それ（清国の敗北）は、われわれ漢民族にとって、まさに〝奇恥大辱〟のニュースだった。……多くの村人たちが、『四千万平方里の領土と百兆の人民を持つ大国が、〝三つの小島でしかない日本〟（当時中国では北海道を日本領と考えていなかった）に負けるとは、なんたることか』と怒りをこめて語り合う様子は、幼な心に強い印象を残した(8)」

それにしても、不思議な話ではないか。

蔣介石は、異民族である満州民族が支配する清朝を倒そうとしている。然らば、たとえ、幼き頃の想い出であるにせよ、清国が日本に敗れた方が、それが清国の衰退に繋がるから、革命にとっては有利に働くのではないのか。

ところが、事は、そう単純ではなさそうである。当時、高々、五百万の満州民族が、四億以上の漢民族を支配しているのであって、戦に駆り出されるのは、被支配民族である漢民族である。従って、敗戦は、多数の同胞・漢民族の死を意味するのであって、当然、清朝は憎いことは憎いのであるが、いざ、戦争となれば、その憎い清朝の勝利を願わざるを得ない、という思いがあるはずである。

或いは、たとえ、支配民族の組織である清朝の戦争であるとしても、あの、ちっぽけな「倭国」なんかに負けること自体が、屈辱であるという歴史的優越感から、「仇日」「奇恥大辱」の思いが生じたのかも知れない。

いずれにしても、鄒容や陳天華、そして、孫文や蔣介石の、中華意識や日本観からは、日支提携による西力東漸への対抗という観念は生まれて来ないのであるが、更に、既述したように、日本のアジア主義者たちには思いも寄らなかった、東力西漸の事実を確認しておかなければならない。

西力東漸に対抗するために、日本のアジア主義者は日支提携を主張するが、それでは何故、西欧ではなく同じアジア民族の国・清国を相手に、戦争をしたのか。然も、下関条約によって、清国から台湾や澎湖島を奪い、一時は遼東半島の領有も要求し、これは三国干渉によって返還したが、その返還と引き替えに三千万両《テール》を頂戴し、こうして日本は、提携すべきはずの相手に、立派に、侵略して来たではないかと、中国側は、日支提携に疑義の念を抱くのも当然である。

更に、西欧の侵略に対して義和団が、「扶清滅洋」の旗印の下、列強と戦《いくさ》を始めると、これ幸いとばかり、清国は列強に宣戦布告。ところが、衆寡敵せず。八ヵ国連合軍に北京を攻略され、西太后も西安に蒙塵。こうして、戦いに敗れた清国は、辛丑《しんちゅう》条約（北京議定書）を結ぶのであるが、その相手が、イギリス、アメリカ、ロシア、フランス、ドイツ、イタリア、オーストリア・ハンガリー、そして、日本、更に、ベルギー、スペイン、オランダを加えて、十一ヶ国に及ぶ。その中に、西欧列強による侵略に対抗せんが為、日支は提携すべしと主張する日本も入っているという事実を、日本のアジア主義者はどのように理解するのであろうか。

蔣介石は、「義和団事件は、わが中国にとって、甲午戦争（日清戦争）

に次ぐ国辱であった」と述べ、賠償金は四億五千万両《テール》に達するが、「日本はこのうち七・七パーセントを取得」しており、「わが中国の経済の精華は、帝国主義者に吸収された(9)」と論じているが、日本は、紛れも無く、その帝国主義者の一つだったのである。

松井石根は、大アジア主義の理念を弁えず、「乱暴」を働く中国を「打擲」せんとして、「兄」としての役割を果たす戦闘を続けたが、「欧米の魔手に陥った」蔣介石は、日本の支配に協力する中国人を「漢奸」として罵倒し、自らは、日本との全面戦争を覚悟するのである。盧溝橋事件の起こる前年(昭和十一年)、松井は中国の西南地区を旅行し、中国の有力者たち、胡漢民や李宗仁、白崇禧らに会い、日中関係について自由に語り合っている。

李宗仁は、「(蔣介石は)自己の利益の為、其地位を保持せんが為に、敢て手段を択《えら》ばざる、其信念なき思想なき覇道的一軍閥なり(10)」と、蔣介石に対する酷評は極めて鋭い。

白崇禧は、「蔣は英雄崇拝なり。自ら曠古《こうこ》(前代未聞)の大英雄たらん事を欲し、其の為に手段を択《えら》ばざるは、最も不可なり(11)」と論じ、彼の蔣介石評も、決して良くはない。

陳済棠《ちんさいとう》は、蔣介石のソ連追随と独裁主義を批判し、陳儀もまた蔣の独裁政治を指摘しているが、この「信念なき思想なき覇道的一軍閥」にして「英雄志向の強い独裁者」である蔣介石の対日戦争は、「以夷制夷」で貫かれている。南京陥落後の昭和十二年十二月十四日、北京に王克敏を委員長とする中華民国臨時政府が、更に、翌年三月二十八日には、南京に梁鴻志を行政院長とする中華民国維新政府が成立し、この両政府は、昭和十五年三月、汪兆銘の南京国民政府に吸収・統合されるのであるが、蔣介石は、断固、日本による懐柔策に乗らず、首都を南京から重慶に移してまで、日本軍に対して徹底抗戦する。何故、それが可能なのかと言えば、無論、蔣介石に対する英米の支援があるからに他ならない。

「武漢が日本軍の手に落ちたことにより、北平、天津、青島、上海、南京、広州、漢口の七大都市は、すべて日本軍の占領下に置かれることとなった(12)」

ここまで日本軍に占領されたにも拘らず、蔣介石は、まだまだ、参ったと思っていないのは、中国の国土の広大さが味方してくれるからであって、いくら日本軍が中国を征服しようと意気込んでも、この大国を隈から隈まで占領することなどできぬと、蔣介石は日本軍の侵攻に高を括るが、日本が中国国内で好き勝手に暴れるのを、英米あるいはソ連が、いつまでも見逃すはずがない。いずれ、必ず、日本軍の掣肘《せいちゅう》に乗り出してくれるという確信の下、蔣介石は戦い続けているのである。

蔣介石は、自軍単独では、とても日本軍に勝てるとは思っていないし、一応、国共合作で抗日を叫んでいるとはいえ、共産党が、いずれ時が来れば国民党を潰して、中国全土を支配しようと目論んでいることは、先刻ご承知であるから、とても、対日戦争の協力者として頼れる相手とは思っていない。従って、蔣介石が期待するのは、何よりも、英米が日本と戦争を始めてくれることである。

ところが、日米関係は風雲急を告げるにも拘らず、なかなか日本は、対米開戦に踏み切ってくれない。それもそのはず、日中戦争が始まった時の日本の総理大臣は、近衛文麿という御公家さんである。武家とは違って公家は、本来的に、平和志向が強く（武力闘争が苦手）、近衛の師匠である西園寺公望は、『長い物には巻かれよ』と、長い物、つまり英米との協調路線を説いて来たのであり、この点は、公家の頂点に位置する天皇も、また然り。

日本の中国大陸での暴走を忌まわしく思う英米は、国民政府に対して膨大な支援を供与するが、それは、自国が日本相手に戦を始める迄、自分たちの代わりに日本と戦い、日本の力を少しでも弱めておいてもらいたいという思いも、当然、あるはずである。いずれ、欧州の大敵ナチス・ドイツを懲らしめるから、それまで、精一杯、日本との戦争を続行し、この代理戦争に励んでもらいたい、という了解であろう。そして、この了解の下、大々的に「援蔣」が押し進められたのである。

首都南京を放棄し、重慶を首都とした国民政府であるが、南京脱出（昭和十二年十二月七日）の一年後（一九三八年十二月）には、日本軍はこの重慶への爆撃を開始し、これが、一九四一年九月まで続けられ、国民政府は、もはや、風前の灯の状態まで追いつめられていたはずである。ところが、蔣介石にとって極めて重大にして、翹望《ぎようぼう》・鶴首《かくしゆ》していた政権交代が、日本で行われた。御公家さんである近衛文磨に代わって、武人・東条英機が、内閣総理大臣となったのである。

「われわれが四年余の抗戦において最も望んでいたのは、日本に軍人内閣が出現することであった。一般の文治派に組閣されず、直接軍人が国政を担当するようになれば、彼らは必ず侵略を拡大し、……そうなれば、われわれの抗日戦略の最も重要な目的が達成されるわけである(13)」

対米戦争を回避せんとする弱腰の公家内閣ではなく、好戦的な軍人が内閣を組織すれば、必ず、日米は開戦するに相違ない。蔣介石としては、そこに至る迄の苦難に耐え忍んで来たのであって、南京から漢口、そして重慶へと、首都移転の逃避行を続けたのも、最大目的は、自力では叶わぬ日本軍を、英米の強大な軍事力が叩いてくれることであった。

　昭和十六年十一月二十六日、「支那及び仏印より一切の陸海空軍兵力及び警察力を撤退させる」「日米両国は重慶政府以外のいかなる政権をも、軍事的・政治的・経済的に支持しない」という、「ハル・ノート」と呼ばれる最後通牒が、日本に突き付けられた。こんな通牒を受け取ったら、「モナコやルクセンブルグ大公国（の如き弱小国家）でさえも、合衆国に対して戈を取って起ち上がったであろう」と、後に、インド代表のパル判事（と、一般に論じられている）が、そこには一片の紛争解決の意思すら見られぬ、米国側の挑発的姿勢であると指摘するほどの、最後通牒であった。

　たとえ、後世に於いて、その「侵略性」を弾劾されることになるとはいえ、明治以降、雄心勃々、国威発揚・海外雄飛に燃えた外征派たち、就中、軍人たちが、自らの、そして先人たちの武勲と戦果を完全に消滅せしむるが如き、こうした米国側の要求を飲むはずもなし。無論、米国側としては、そのような日本の反応は織り込み済みであって、従って、中村粲氏は、「(日米)戦争は、ハル・ノートによって起きた(14)」と断定されるのである。

そこで、いよいよ、蔣介石にとっては待ちに待った日米戦争の勃発となり、これこそ、「(日本に対する)抗戦四年半の最大の効果であり、また唯一の目的であった(15)」のである。日本は真珠湾のみならず、マレー沖で英国軍も攻撃し、グアム島を占領、更に、フィリピン北部にも上陸を開始するが、こうした日本軍による攻撃は、蔣介石の大いに期待するところである。というのも、日本(倭寇)がどんどん英米を攻撃し、英米の損害を拡大してくれることによって、英米の目がヨーロッパから極東に移るからであって、「損害がなければ、英米はなお極東と中国を第二義的なものと考えたであろうから(16)」である。

日本と英米との開戦を、蔣介石は「最大の効果」であり「唯一の目的」であったと述べたが、松井石根の「アジア主義」から見れば、この、独裁志向の強い、曠世の英雄に憬れる蔣介石は、日支提携の下、西欧帝国主義諸国によるアジア侵略に対抗し、アジアを解放するという、アジア民族の理念と使命を完全に忘却し、自らが「西欧の魔手に陥」ったが故に、兄が弟にその理念と使命を教えるために、敢て「打擲」するのであるという論理展開が為されるのである。

しかし、この松井やアジア主義者たちの論理は、日本をアジアの盟主として把え、この盟主の指揮の下、アジア諸国は、西欧列強によるアジア侵略に対抗し、アジアを解放せねばならぬという、謂わば、日本が勝手にそう思い込んだ前提了解に基づく要請であって（後に東京裁判で、キーナン検事は、この日本の勝手な思い込みを、東条英機に皮肉たっぷりに突き付けた）、西力東漸に対抗するための日本の海外進出は、進出される側の中国や朝鮮そして琉球王国にとって、新興国・日本が、じわじわと西方に進出して来る、東力西漸を意味したのである。

明治維新以降の東力西漸は、琉球処分に始まり、台湾出兵、李氏朝鮮国への進出そして併合、満州への進出及び満州国の建国へと続くのであるが、「満州国に対する脅威の除去」を目的とした「北支五省の南京からの分離」の推進（蔣介石の言う「北支の満州国化」）が一つの大きな原因となって、盧溝橋事件が起こり、第二次上海事件、南京事件へと日中の争いが拡大し、何のための戦争なのかという、明確な目的意識が稀薄化する中で、ただ、「暴支膺懲」という名の下に、衝突が続行するのである。そこには、上海や南京で戦闘を指揮した松井軍司令官自身も認めるように、「支那人軽蔑思想[17]」が底流に在るはずだし、「支那人は一撃を加えると大人しくなる」という安易な見方も窺えるし、また、その劣等である筈の支那人が、斯く迄、頑強に抵抗することに対する、優秀なる日本軍人の焦燥、苛立ち、屈辱感も見られるやも知れぬ。

しかし、何よりも、蔣介石・国民党軍を必死に援助する英米に向けられた、国民党軍に対する以上の敵愾心が在ったのではないのか——正に、日本を「玩弄視」して来た西欧に対する、『今に見ておれ！』の、強烈なる思いが。そして、主として、この中国国民党軍を相手とする戦争は（蔣介石によると国共合作したはずの中国共産党は、国民党の弱体化を狙うが故に、対日戦争には本腰を入れない）、宛《さなが》ら、対英米戦争の前哨戦であるかの如く、大東亜戦争（太平洋戦争）へと連続するのであるが、日中戦争の拡大が大東亜戦争に連続したという事実は、広く認識されているが、これらが、既述した如く、明治に始まる新生日本による国威発揚・海外雄飛路線、即ち、東力西漸の帰結であるという事実に対する認識は、稀薄ではないのか。

幕末にまで遡れば、西力東漸の波濤に晒され、日本は、既に、この西力を相手に戦を体験している。文久三（一八六三）年七月の薩英戦争と、元治元（一八六四）年八月の、四ヵ国連合艦隊（英米仏蘭）と長州藩との間の、下関（馬関）戦争である。それから七十七年、七十八年の時を経て、今度は、薩摩藩、長州藩ではなく、日本全体（闔国《こうこく》）が一丸となって戦争に突入したのであるが、その相手が、奇しくも、幕末と同様、英米である（仏は一九四〇年六月、蘭は同じく五月に、ナチス・ドイツに降伏）。この戦争を通して、薩摩・長州は西欧の強力なる近代兵器の洗礼を受けたが、ここで、『参りました』と自己の後進性を認め、そこに止《とど》まり、前進することを停止したのではなく、逆に、敵の近代兵器を手に入れ、「武備充実」を図り、いずれ、西欧に負けぬ武力を身に付けようと、一意専心、邁進したのである。

琉球処分や台湾出兵に始まる、近代日本の国威発揚・海外雄飛すなわち「外征」は、第一義的には、日本の勢力拡大を狙った方針であって、そのためには、たとえ、当時の実力からすれば、「蟷螂の斧」と評せられるにせよ、そんな事はお構い無しで、アジアの老大国として四方に睨みを利かせる清国との衝突をも辞せずという、正に武士特有の戦闘意欲に基づいた行動様式であった（既述したように、「暴支膺懲」は、早くも台湾出兵の頃に、囂々と叫ばれているし、征韓を主張した、あの西郷隆盛などは、「生来の軍《いくさ》好き」だと、自己紹介している）。こうした「征韓」の二字に「血湧き肉躍る」ような連中が中核となって、明治国家を築き上げ、国民の大半である農・工・商を、武士のように、「一旦緩急アレバ義勇公ニ奉シ」る、逞しい「皇国の皇民」に育て上げようとしたのが、近代日本の大きな精神史の一面であった。

「皇大御国ハ大地ノ最初ニ成レル国ニシテ世界万国ノ根本ナリ……万国

ノ君長皆臣僕ト為スベシ」などと、文政六（一八二三）年の段階で、このような白昼夢の如き「皇国観」を展開したのが、佐藤信淵であるが（『混同秘策』）、この種の「皇国観」は継承され、「万邦無比、金甌無欠《きんおうむけつ》の我が国体」という信念いや信仰を生んだ。そして、この信仰こそが、近代文明を誇る西欧列強との交流が始まり、日本が「玩弄視」されるという現実に直面した際、そのような「劣弱な日本」を生きざるを得ないのは事実であるにせよ、決して「辱」に耐えることのできぬ者たちの、心を支える力の源として、日本が危機に陥った時には、ますます、強化・尖鋭化され、「皇土」の荒廃と、三百数十万人の生命の犠牲と引き換えに、東力西漸の終焉と共に、その役割を終えて消滅したのである。

大正期、徹頭徹尾、平和主義を主張し、満州や朝鮮の放棄を提言した石橋湛山は、日本がこのまま「支那を侮蔑し、恫喝」し続ければ、いずれ、「世界は何国かをして、日本の頭を叩かせる」と、日本の「侵略主義」に警鐘を鳴らしたが、何たる慧眼！　この「何国」とは、七十七年前、長州一藩で戦った四ヵ国の一つであり、また、皮肉なことに、二百数十年もの間、鎖国を固守してきた日本を開国させた、アメリカに他ならない。砲艦外交によって日本を開国させたペリーは、よもや、極東のこのちっぽけな国が、いずれ、国力・軍事力を増大させ、朝鮮半島さらには中国大陸へと進出し、清国やロシアを打ち負かし、世界の五大国の一つにまで成り上がり、そして、仮にも、この強大なアメリカに楯を突くほど増上慢な国になるとは、夢想だにしなかったであろう。

　ペリーは、実に「とんでもなく厄介な国」を、開国させたのである。

跋

会田雄次氏（一九一六―一九九七、歴史学者、京都大学名誉教授）は、かの人口に膾炙《かいしや》した著『アーロン収容所』で、ビルマでの一年九ヶ月に及ぶ自らの捕虜生活を振り返り、「英軍さらには英国というものに対する燃えるような激しい反感と憎悪を抱いて帰ってきた(1)」と述べられている。

氏によると、「イギリス人の正体」とは、「恐ろしい怪物」であり、「この怪物が、ほとんどの全アジア人を、何百年にわたって支配してきた(2)」のである。

分析者の主観的判断を極力抑制しなければならぬ社会科学、然も、歴史学の学究である氏が、斯くまで、イギリス人に対する「反感と憎悪」

を剥き出しにされるのであるが、氏をしてそのような激情に駆り立てた、捕虜生活に於ける最も有名な体験を、確認しておこう。

「私たちが英軍兵舎に入るときは、たとえ便所であろうと、ノックの必要はない。……イギリス人は大小の用便中でも、私たち（日本人捕虜やビルマ人）が、掃除に入っても平気だった[3]」

「その日、私は部屋に入り掃除をしようとしておどろいた。一人の女（イギリス兵）が全裸で鏡の前に立って髪をすいていたからである。ドアの音にうしろをふりむいたが、日本兵であることを知るとそのまま何事もなかったようにまた髪をくしけずりはじめた。……入って来たのがもし白人だったら、女たちはかなきり声をあげて、大変な騒ぎになったことと思われる。しかし日本人だったので、彼女らはまったくその存在を無視していたのである[4]」

こうした、一見、不可思議な体験から、会田氏は、イギリス人の「人種観」について、結論を下す。

「彼女たちからすれば、植民地人や有色人はあきらかに『人間』ではないのである。それは家畜にひとしいものだから、それに対し人間に対するような感覚は必要ないのだ[5]」

然も、イギリス人の有色人に対する接し方が「尊大傲慢」なのは、「むりに威張っているのではない。東洋人に対するかれらの絶対的優越感は、まったく自然なもので、努力しているのではない[6]」と、氏は明言する。

トイレで用を足す姿や、全裸で着替えをする姿を、人に見られて恥ずかしいと思うのは、見る人が自分と同格の人間であるからである。ところが、日本人や有色人は、自分たちが思っている「人間」には属さない、下等動物であるから、そういう姿を見られても全く平気であって、気にすることはない――家畜やペットと同じだから。

戦勝者と捕虜という特殊な状況下だからではなく、こうした人種観はイギリス人にとって、ごく自然な判断基準となっているという結論から、氏は、「イギリス人を全部この地上から消してしまったら、世界中がどんなにすっきりするだろう(7)」という激越な「しこり」を残すほど、氏は捕虜生活に於いて、決して耐えることのできない「辱」を体験されたのである。

少しく日英関係を振り返ると、南下政策を採るロシアを共通の敵として、日英同盟が成立し、これが二十年以上も続いたのは、歴史的事実である。更に、昭和天皇は皇太子時代、大正十年の三月から六ヶ月に亘り、欧州五ヶ国を訪問し、イギリスではジョージ五世の歓迎を受け、この国王は、わざわざ、皇太子の父である大正天皇に、「陛下は殿下最初の外遊として殿下の我国を訪問せらるることを聴許し以て朕に著大の光栄を付与せらるる(8)」との親電を送っているのである。無論、皇太子の訪英は、一応、日英同盟の期間中の出来事であり、外交上の儀礼であったとはいえ、日英両国は友好関係を保っていたはずであるが、それから二十数年、両国が敵対関係に入ると、以前は時代の要請によって、装い繕っていた表皮が剥げ落ちて、「有色人は人間以下」という、意識の底で根を張っていた本物の中身が、露呈したのであろうか。

会田雄次氏ならば、当然、「ホンネの露呈論」を主張されるのであろうが、深層心理の追究は別として、歴史的観点から把えた時、氏が体験した「辱」は、本稿で論じて来た、幕末からの「屈辱と雪辱の精神史」

と、同質・同根であると言えるのである。

店先で商賈に対して威張り散らす異人に、刃を向けようとした高杉晋作の忿怒、砲艦外交で幕府を、そして日本を恫喝するアメリカに対する吉田松陰の痛憤、生麦に於いて、下馬せずに大名行列を横切ろうとしたイギリス人に対する、薩摩藩士の激怒、「威容」を誇る七隻の軍艦相手の薩英戦争、長州一藩で四ヶ国連合艦隊と戦った馬関戦争、神戸事件や堺事件に於ける、欧米の力に屈せざるを得なかった弱国・日本という体験、これらは全て、「屈辱と雪辱」を根基とする出来事であり、征韓論に関して長沼熊太郎が表現した、西欧による日本の「玩弄視」と密接に関連しているのである。

会田雄次氏は文人であるが、氏は、謂わば、幕末から維新にかけて武人たちが体験した「辱」を、昭和期に、捕虜という立場で体験したのである。

西欧列強はアジア諸国を次々と侵略し、植民地化し、自らの勢力下に置いて行ったが、日本ほど「辱」に敏感な反応形態を示した国は、他に例を見なかったのではないだろうか。鎖国から開国へと向かう日本の支配層は武士であり、「辱」の忌避・嫌忌は、武士のエートスの根幹であった。このようなエートスを把持した人種が、近代日本の急速な西欧化の流れの中でも立派に生き続け、日本の「辱」に関する出来事が起こると、必ず、顔を出して「皇国」の危機を叫び、その「価値」を訴え、真・善・美を体現し、光を放つ源として、「天皇」を褒め称えたのである。

近代は、アジアに比し圧倒的な国力・軍事力を誇る欧米を中心に回っているのは、否定できぬ事実であるから、そのアジアの一小国・日本も、強国の驥尾（きび）に付して、極力、衝突を回避する道を歩んでいたなら、痛い目に遭わずに済んだのであろうが、「辱」を耐え忍んで生きることより、むしろ、死を選ぶことに美を見出す人種であるから、「国体護持」「一億総玉砕」などという、究極の覚悟を明示することによって、己れの本源的価値を顕在化させたのである。このような、異常な体質を有する国を相手に、西欧列強は戦ったことがあるのだろうか。

仮に、日本軍の「武士道」的戦闘様式に疑問を抱く者（西洋人であれ日本人であれ）がいれば、幕末の志士・梅田雲濱《うんぴん》（一八一五―一八五九、小浜藩士、安政の大獄で獄中死）が、その疑問を解いてくれる。

「普天率土《ふてんそつと》の濱《ひん》、誰か王臣に非ざる。……御国体を失なわれ候ては、一日も、皇国の御威光、相立ち申さず候。……もとより、国家滅亡と申し候事は、万民孑遺《けつい》（残り）無しに至り候て後に、申す事にては、之れ無き候。国体を汚され、凌辱を蒙り、指揮を受け候ては、即ち滅亡と申候⁽⁹⁾」（書き下し文）

万民が一人残らず戦死してしまったから、国家が滅亡するのではない。国体（天皇を価値の根源とする国家の体面）が汚され、「辱」を受け、他国に指揮されるようなことになれば、それでもう、国家は滅亡したのである。

いわゆる西洋の合理主義もしくは功利主義の立場から見ると、実に、訳の分からぬ話であり、今日の日本でも、全く不可解な「国体観」であるが（「国体」そのものが、今や死語である）、こうした武士のエートスの核を成す価値観が、近代日本に立派に継承され、大日本帝国がその終焉を迎えた時、已れを余すところなく顕在化させたのである。

繰り返すが、アメリカ東インド艦隊司会長官ペリーは、こんな特異体質を有した国を、開国させたのである。

「万民孑遺無く……」などと豪語しても、現実には、国は敗れても民は残る。今日の日本の社会通念に照らし合わせたら、全面的に否定もしくは呪詛されるような、武士のエートスに基づく国家観或いは国体観が、いよいよ、その終焉を迎えた時、「皇国」を生き抜いて来た憂国者は、どのように「行く末」を憂えたのだろうか。堺事件で発砲の責任を取って切腹した西村左平次は、西欧の強国に屈した日本が、このまま、長沼熊太郎の言う「玩弄視」され続けるのではないかという、日本の国家的名誉と威信に関して憂えたが、名誉と威信どころか「無条件降伏」を強いられた大日本帝国の瓦解を迎え、たとえば、親泊朝省《おやどまりちょうせい》（一九〇三—一九四五、沖縄出身、陸軍大佐、ミズリー号上での降伏文書調印の後、妻子と共に自害）は、『草莽《そうもう》の文』で次のように書き遺している。

「世の多くの人は、敵の暴力、強姦、殺戮、掠奪を恐れるのであるが、私は大和民族の永遠の生命の立場より見て、敵が暴力を用いることは決して恐れないのである。もし敵がこれを行えば、日本人は之に反撥してむしろ復讐心が強くなるであろうが、逆に敵が柔軟の手を用いて来るときが恐ろしいのである。物質を与え、彼等の所謂善政を施くことが恐ろしいのである。……（そうなれば日本人は）骨抜きとなり民族の血が濁り麻痺するのが最も恐ろしいのである(10)」

この親泊の憂国の情と全く同じ内容の憂いを、時を遡ること九十年近くも前に、吉田松陰も述べている。

安政五（一八五八）年六月十九日、日米修好通商条約が締結されるが、こんなものは、悲観的な憂国者である松陰にとっては、「ハルリスの言、逐一、行はるゝ時は、神州実に危し」と思わせる条約であり、このままアメリカの要請に応えて行くと、「神州陸沈（滅亡）疑なし」と、松陰にとっては、御先真っ暗である。

「我が国には乞丐《きつかい》（乞食）が非常に多い。彼（アメリカ）は必ず貧院を建てるであろう。また、棄児（孤児）も非常に多い。そこでアメリカは、必ず、孤児院を設けるであろう。病気の老人や、貧しくて治療を受けられぬ貧者も多い。アメリカは必ず、養護施設を建てるであろう。こうすることによって、『愚民』（一般庶民）の心を引き寄せることができるだろう。

『愚民』だけではない。『利』ばかり知って、『義』を知らず、書を読むことは読むが、『道』を知らぬ幕府の役人たちは、既に、心を奪われているではないか(11)」

（現代語にて意訳）

豊かで強大なアメリカに懐柔されそうな日本を、松陰は憂え、それから九十年近くもの時を経て、「神州陸沈」を迎えた親泊朝省も、勝利者が「善政」を施すことによって、日本民族の「血が濁り骨抜き」にされることを憂えたのである。

戦後日本の歩み、即ち、日本の現代史とは、「西力東漸」に対抗して「東力西漸」などという途轍もない国策に走った、このアジアの、西欧中心体制に逆らう生意気な国を、如何にして、西欧とりわけ日本改造の責任者アメリカにとって、無難で、二度と刃向かって来ない国に仕立て上げるかということを、最大の課題として、ＧＨＱがその改造に取り組んだ歴史なのである。日本の「行く末」を憂えた人たちが、「改造」された日本を見たら、どのような思いを抱くのであろうか。

註

序

（1）『元帥　畑俊六回顧録』錦正社
平成二一年　一四一―三ページ

（2）潘佩珠『ヴェトナム亡国史』平凡社
一九六六年　二五ページ

（3）鄒容『革命軍』「辛亥革命の思想」筑摩書房
昭和四三年　五七―六〇ページ

一　「対・西欧」――屈辱と雪辱――

（1）『高杉晋作全集　下』新人物往来社
昭和四九年　三一九―二〇ページ

（2）『元帥公爵　大山巖』大山元帥傳刊行所
昭和十年　一一六ページ

(3)『吉田松陰』岩波書店
一九七八年　九〇―九五ページ
(4)同
(5)同一九三ページ
(6)『防長回天史　第四編下六』マツノ書店
平成三年　一四五ページ
(7)同一六三ページ
(8)同一五六ページ
(9)萩原延壽『遠い崖2　薩英戦争』朝日新聞社
二〇〇七年　五三ページ
(10)同七七ページ
(11)大町桂月『伯爵　後藤象二郎』大空社
一九九五年　三四九ページ以下
(12)『岩倉公実記　中』岩倉公実記頒布所
昭和二年　一九三ページ

二 「国威発揚」① ――琉球・台湾――

(1) 『西南記傳 上巻二』黒龍会本部 明治四一年 五四八ページ
(2) 同五四九ページ
(3) 『明治天皇紀 第三』吉川弘文館 平成十二年 九五ページ
(4) 前掲『西南記傳』五八〇ページ
(5) 同一九五ページ
(6) 長沼熊太郎『征韓論分裂始末』東京堂書店 明治三九年 八ページ
(7) 同
(8) 『観樹将軍回顧録』大空社 昭和六三年 九八―九ページ
(9) 前掲『明治天皇紀 第三』二四五ページ
(10) 同

(11) 妻木忠太『前原一誠傳』マツノ書店
昭和六十年　九八五ページ
(12) 的野半介『江藤南白　下』原書房
昭和四三年　三三七―八ページ
(13) 前掲『明治天皇紀　第三』二六七ページ
(14) 同三二六ページ

三 「国威発揚」② ――朝鮮開国と琉球国支配――

(1) 前掲『明治天皇紀　第三』三〇三ページ
(2) 同四六七ページ
(3) 前掲『江藤南白　下』二八六ページ
(4) 前掲『明治天皇紀　第三』五〇六ページ
(5) 同
(6) 同四一九ページ
(7) 同六二〇ページ

(8) 同
(9) 『明治天皇紀　第四』六六六ページ

四

「国威発揚」③——朝鮮国への介入——

(1) 前掲『観樹将軍回顧録』三三一ページ
(2) 『明治天皇紀　第五』七四六ページ
(3) 同七五〇ページ
(4) 同七六六ページ
(5) 同七六七ページ
(6) 佐々木克『大久保利通』講談社
二〇〇四年　一九一ページ
(7) 『明治天皇紀　第五』七七二—三ページ
(8) 同八四〇—二ページ
(9) 近藤吉雄『井上角五郎先生伝』大空社
昭和六三年　三五—六ページ

(10)『東亜先覚志士記傳　上』原書房
一九六六年　八八―九ページ
(11)井上雅二『巨人　荒尾精』大空社
一九九七年　一四五―六ページ
(12)『明治天皇紀　第六』三六七ページ
(13)同
(14)同三七二ページ
(15)同三七三ページ

五

「国威発揚」④ ――日清戦争――

(1)『明治天皇紀　第八』四八一ページ
(2)同四五六ページ
(3)山崎有信『大鳥圭介伝』大空社
一九五五年　三三五―七ページ
平井駒次郎『風雲回顧録』大空社
昭和六三年　二六九―七一ページ

(4) 前掲『大鳥圭介伝』三三七ページ
(5)『明治天皇紀　第八』七七八ページ
(6)『東亜先覚志士記傳　上』五一三―四ページ
(7) 同五一六ページ
(8) 同五二二ページ
(9)『明治天皇紀　第八』九一〇ページ
(10) 前掲『観樹将軍回顧録』三一九―二〇ページ
(11) 同三二四―五ページ
(12)『明治天皇紀　第八』九一四ページ
(13) 前掲『東亜先覚志士記傳　上』五三六ページ
(14) 前掲『江藤南白　下』二八五ページ
(15)『明治天皇紀　第八』九一八ページ
(16)『明治天皇紀　第九』二一ページ
(17) 同

六　中間考察「ロシア観」

（1）『尾﨑三良自叙略伝　中巻』中央公論社
昭和五二年　二六四―五ページ
（2）『明治天皇紀　第七』八四〇―一ページ
（3）同八四八ページ
（4）同八一六ページ

七　「国威発揚」⑤――日露戦争――

（1）『克堂　佐々先生遺稿』大空社
一九八八年　一二五ページ
（2）同
（3）『明治天皇紀　第十』四五六―八ページ
（4）同四七八、五〇一ページ
（5）前掲『東亜先覚志士記傳　上』七一七ページ
（6）同七三八ページ

（7）『明治天皇紀　第十』五九八ページ
（8）少々、歴史を遡れば、倒幕及び維新の折、日本の首座に据えられた天皇ではあるが、固より、天皇は武家ではなく公家のトップであって、公家は、本来的に、平和志向である。出来る事なら、野蛮な戦いを避けたい。だから、たとえば、薩摩・長州が倒幕の密勅なるものを頂戴したが、倒される側の将軍・慶喜が先手を打って、大政奉還してしまうと、この密勅にサインした公家は、「秘物」（密勅）の返還と「事件」（倒幕の武力行使）の中止を命じるほど、平和的解決を望んでいたのである。
（9）『明治天皇紀　第十』四五二ページ
（10）同
（11）『頭山満直話集』書肆心水
二〇〇七年　一五四ページ
（12）朝鮮国は、一八九七年十月、国号を「大韓」と称している。
（13）『桂太郎』ゆまに書房
二〇〇五年　五二二ページ
（14）『日本政治裁判史録　明治・後』第一法規
昭和四四年　一四七ページ
（15）同

(16)『明治天皇紀　第十』四四六ページ
(17)同五七一―三ページ
(18)『明治ニュース事典　Ⅶ』毎日コミュニケーションズ
一九八八年　四八三ページ以下
(19)『明治天皇紀　第十二』四三七ページ
(20)『明治天皇紀　第十』六六四ページ

八　日中関係　――「同床異夢」――

(1)『東亜先覚志士記傳　中』三七六―七ページ
(2)『国士　内田良平傳』原書房
昭和四二年　一七三ページ
(3)山浦貫一編『森恪』原書房
一九八二年　四〇二―四ページ
(4)同五二七ページ
(5)同五三八ページ
(6)同

(7) 同四七四―五ページ
(8) 同四七八ページ
(9) 『蔣介石秘録　上』サンケイ新聞社
昭和六十年　二六二ページ
(10) 『東亜先覚志士記傳　中』五四〇ページ
(11) 同五三九ページ
(12) 鄒容『革命軍』前掲「辛亥革命の思想」三八―九ページ
(13) 同四六―七ページ
(14) 陳天華『警世鐘』同八四―五ページ
(15) 同一二二ページ
(16) 蔣介石　前掲書一一一ページ
(17) 同一一三ページ
(18) 同一一五ページ
(19) 同一三六ページ、一四三ページ、一四九ページ
(20) 大町桂月・猪狩史山共著『杉浦重剛先生』思文閣出版
昭和六一年　四二九ページ

(21)『巨人　荒尾精』一四六ページ
(22)曹汝霖『一生之回憶』鹿島研究所
一九六七年　一四―五ページ
(23)緒方竹虎『人間　中野正剛』中央公論社
一九八九年　一二五―七ページ
(24)同一二九ページ
(25)会田勉『川島浪速翁』大空社
一九九七ページ　二六ページ
(26)前掲『高杉晋作全集　下』三四〇ページ

九　「東力西漸」①　――『出る杭は打たれる』に抗して――

(1)『明治天皇紀　第十二』四一九ページ
(2)前掲『国士　内田良平傳』六〇二ページ
(3)『東亜先覚志士記傳　中』七七八ページ
(4)同七八九ページ

（5）『石橋湛山評論集』岩波書店
一九八七年　五一―二ページ

（6）同六二ページ

（7）同九四―六ページ

（8）同一二〇―一二ページ

十

「東力西漸」②――日中戦争――

（1）前掲『森恪』五九六ページ

（2）（3）中村粲『大東亜戦争への道』展転社
平成二年　三三一―三ページ

（4）「共産思想は大学生一般を風靡し、某浅草活動写真館にて、『レーニン』の演説の場合、観衆学生等は脱帽せるに、其頃の聖上陛下の大演習に於いては、脱帽する者、更になき有様……」（中野雅夫『橋本大佐の手記』みすず書房昭和三八年　八二ページ）

これが真実か否かは別として、このような風潮が彼らの焦燥感を募らせたのである。

（5）同『手記』二二八ページ
（6）同一三〇ページ
（7）『奈良武次　日記　回顧録　第四巻』柏書房
二〇〇〇年　一六二ページ
（8）同一七〇ページ
（9）同一七一ページ
（10）『秘録　土肥原賢二』芙蓉書房
昭和四七年　二六二ページ

十一　「東力西漸」③　――その終焉――

（1）『日中戦争』新潮社
二〇一八年　二九ページ
（2）田中正明『松井石根大将の陣中日誌』芙蓉書房
昭和六十年　二六九ページ
（3）同二〇五ページ

註

(4) 横山宏章『素顔の孫文』岩波書店
二〇一四年　二一三ページ
(5) 堀川哲男『孫文』講談社
昭和五八年　二三二ページ
(6) 同三三〇ページ
(7) 前掲『蔣介石秘録　上』一三六ページ
(8) 同一七四ページ
(9) 同一四〇—一ページ
(10) 前掲『松井』二二八ページ
(11) 同二三〇ページ
(12) 『蔣介石秘録　下』二三九ページ
(13) 同二二七ページ
(14) 前掲『大東亜戦争への道』六一二ページ
(15) 前掲『日中戦争』一一五ページ
(16) 『蔣介石秘録　下』三三六ページ
(17) 前掲『松井』一三二ページ

跋

(1) 会田雄次『アーロン収容所』中央公論社
一九六二年　二ページ
(2) 同三ページ
(3) 同三七ページ
(4) 同三九ページ
(5) 同四一ページ
(6) 同
(7) 同七三ページ
(8) 波多野勝『裕仁皇太子ヨーロッパ外遊記』草思社
一九九八年　九四ページ
(9) 梅田雲濱『安政五年二月頃　清蓮院宮への上書』
(10) 親泊朝省『草莽の文』「敗戦の記録」原書房
一九八九年　四〇二ページ以下
(11) 吉田松陰『狂夫の言』より

著者プロフィール

宇治 琢美（うじ　たくみ）

一橋大学法学部卒。
一橋大学院社会学研究科博士課程満期退学。
元　天理大学人間学部教授。
現在　日本近現代史研究家。

著書
『史的意味空間論』青山社　1998年
『意味空間の社会学』青山社　2000年
『武士の国――司馬遼太郎の「サムライ」を鑑る――』文芸社　2000年
『忠臣蔵――敗者の「意地」と「誇り」、そして日本人――』近代文芸社　2007年
『西郷隆盛――皇御国に馳せる夢――』郁朋社　2009年
『神の衣を脱ぐ旅路』東京図書出版　2013年
『天皇――この大いなる「幻想」――』郁朋社　2017年

翻訳書
E. トーピッチュ『ヘーゲルの社会哲学』未来社　1973年
C. J. フリートリッヒ『政治の病理学』法政大学出版局　1997年

武士（もののふ）の国
――その誇りと驕り――

発　　行　令和5年5月21日　初版発行

著　　者　宇治 琢美
発行・発売　株式会社三省堂書店／創英社
〒101-0051 東京都千代田区神田神保町1-1
Tel：03-3291-2295　Fax：03-3292-7687
印刷・製本　信濃印刷株式会社

落丁、乱丁本はお取り替えいたします。
定価はカバーに表示してあります。
ISBN978-4-87923-199-4 C0021